# 天猫店这样开才赚钱

陈亮年轻派 苏静 龙再华 等◎著

北京联合出版公司
Beijing United Publishing Co.,Ltd.

**图书在版编目（CIP）数据**

天猫店这样开才赚钱 / 陈亮年轻派等著 .—北京：
北京联合出版公司，2016.3
ISBN 978-7-5502-6824-1

Ⅰ. ①天… Ⅱ. ①陈… Ⅲ. ①网络营销 Ⅳ. ①F713.36

中国版本图书馆 CIP 数据核字（2015）第297839号

天猫店这样开才赚钱
作　　者：陈亮年轻派　苏　静　龙再华　封扬帆
选题策划：北京时代光华图书有限公司
责任编辑：杨　青　李　征
特约编辑：刘江娜
封面设计：零创意文化
版式设计：曾　放

---

北京联合出版公司出版
（北京市西城区德外大街83号楼9层　100088）
北京嘉业印刷厂印刷　新华书店经销
字数116千字　787毫米×1092毫米　1/16　12.75印张
2016年3月第1版　2016年3月第1次印刷
ISBN 978-7-5502-6824-1
定价：49.00元

---

# 前 言

“互联网 +”是新时代的行动目标，对于企业来说，如何在移动互联网时代启动全新的全网电商工具，是一个尤为重要的问题。“互联网 +”，“+”什么？就是借力互联网来提高企业的传播效率、运作效率、沟通服务效率。移动互联网时代的天猫，不仅要成为一个移动店铺，更要成为一个传播品牌、树立形象的企业战略。企业品牌要年轻化，传播要娱乐化，要利用微信、微博等社会化媒体进行传播，立足天猫平台，做好行业电商，把天猫做成企业的超级店铺。

如今，移动电商正渗透到生活的每个角落，天猫作为最大的电商平台，成为众多商家的首选“触电”平台，短时间内，它的地位还无法撼动。企业进入电商最快速的方式就是入驻第三方天猫类电商平台，这种方式节省摸索时间，节约试错成本，更降低投资风险。

作为有多年帮助客户进行电商转型经验的从业者，我希望通过本书，给您正确清晰的“触电”认识，特别是对正在准备进驻天猫和已经进驻天猫的商家提供有益的参考。希望商家能在充分准备后进入天猫，进入后运作平稳，运作后良性发展。

本书提及的是年轻派营销咨询机构对客户企业进行品牌营销战略规划和帮客户运作的部分天猫案例，也是我多年从业经验的积累和总结。

我希望这本书能够给企业决策者和营销人士提供帮助，您可以找我们深度咨询与合作，我们将与您携手为企业创造出更好的绩效。再次致谢！

陈亮年轻派

# 目录

## 筹划篇 | 再不做天猫就晚了

### 第 1 章 再不做天猫就晚了



### 第 2 章 品牌定位：让你的天猫店脱颖而出



### 第 3 章 筹划调研：不打无准备之仗

筹划篇

# 再不做天猫就晚了

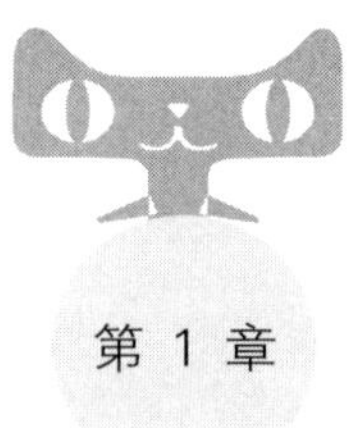

# 第 1 章

# 再不做天猫就晚了

## 天猫为企业电商而来

移动互联网时代，方便就是趋势、就是客户价值，网络购物就是方便，如果不给客户方便，企业就会落伍。在这样的背景下，互联网平台和行业垂直平台获得了巨大发展，线上线下O2O模式成了热门商业话题，究其原因是在移动互联网时代，时间开始移动化、碎片化。

O2O即Online to Offline(在线离线/线上到线下)，是指将线下的商务机会与互联网结合，让互联网成为线下交易的平台。O2O的概念非常广泛，既可涉及线上，又可涉及线下。

## 消费碎片化，企业寻找下一代营销

传统营销方式越来越难获得消费者的青睐，微博、微信等社会化媒体成为占据消费者大量时间的渠道，整合这些渠道和购物平台的相关战略正在阿里电商的版图上展开。力量弱小的企业，通过阿里电商提供的平台借船出海，是不错的选择。

在移动互联网时代，一家企业的产品和服务如果跟消费者脱离关系，就已经远远地跟这个时代脱节了。天猫作为购物标准入口，呈现出直接、可信的特征。消费者只需要通过微博或其他网络形式轻轻地键入企业名称，再点击天猫购物入口链接，即可完成购物。假如其他传播方式是购物的放大器，天猫平台就是进门的钥匙、兑现销售的钥匙。

天猫在发展中，不断提高进入门槛和服务的要求，也是在打造自己的品牌秀场。天猫已经成为电商时代的主流品牌基地，即使移动互联网来袭，天猫也依然在网络购物中占据主场。

综合起来看，经营天猫店铺的成本非常高，希望以低成本进入天猫店的商家往往会空欢喜一场。相对于地面营销，天猫的营销成本不占优势。但是我认为，天猫的总成本相对于地面营销来说还是低的。因为天猫的价值不仅在于短期创造的销售量和利润，还在于为企业打造了一个数据化的网络移动购物窗口，这个窗口可以为企业的客户提供全方位的价值输出和对接。

## 天猫为企业电商而来

众所周知，天猫的前身是淘宝商城。随着众多品牌加盟淘宝商城，天猫也开始走品牌专线，旗下又开设了天猫正品店、天猫品牌街等多个平台，保证上万种品牌的正品在网上销售。包括联想、惠普、戴尔、迪士尼、优衣库等众多品牌都在天猫开设了官方旗舰店并受到消费者的热烈欢迎。迄今为止，天猫已经拥有 5 万多家商户、7 万多个品牌、4 亿多买家，多种新型网络营销模式正在不断被开创。

随着更多的国际国内大品牌入驻天猫店铺，天猫逐步成为多类品牌的线上大超市 ，如图 1-1 所示。

入驻天猫的商家必须经过严格审查，确保其产品和服务的品质。天猫的入驻商家越来越多，从国内到海外，品牌也由最开始的小品牌到国际大品牌。由最初的品牌多和杂，到如今细分出许多品牌专铺，比如国际品牌街、精品一条街等子栏目，这些栏目每年还在升级。 2015 年，天猫还推出了国际频道。天猫经过不断地升级和改进，已名副其实地成为 B2C 中最主流的大份额平台，对企业进行市场布局意义重大。

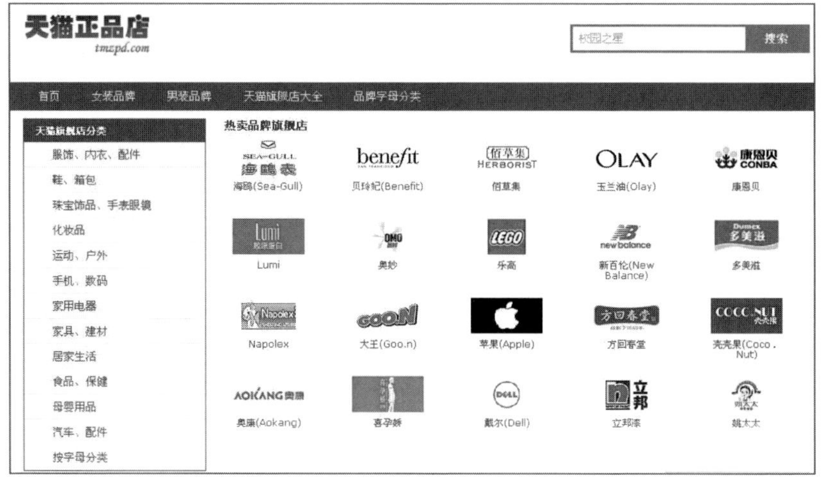


图 1-1　天猫正品店首页

B2C 是 Business-to-Customer 的缩写，中文简称为“商对客”。“商对客”是电子商务的一种模式，即直接面向消费者销售产品和服务的商业零售模式。这种形式的电子商务一般以网络零售业为主，即企业通过互联网为消费者提供一个新型的购物环境——网上商店，消费者通过网络进行网上购物、网上支付等消费行为。

## 天猫成为企业核心品牌战略

对于企业来说，天猫电商是更加严格的消费者权益保护的购物平台。网络购物，如天猫电商渠道，不是一种可有可无的补充渠道，而是企业现在和未来的核心品牌战略之一。从根本上说，网络购物代表的是一种新的生活形态和消费习惯，因此，企业不仅要将网络购物看作一种具有发展潜力的战略渠道对其进行规划，还应该对网络购物进行战略研究，仔细分析和研究网络购物者的消费模式、特征，从品牌的高度进行规划。企业应当建立以整体品牌个性为基础、客户价值体验为运营核心、价值化口碑和重复消费为盈利模式的品牌化电子商务运营系统。

**品牌化电子商务运营**（Electronic Commerce Operation，简称ECO），最初定义为电子商务平台（企业网站、论坛、博客、微博、商铺、网络直销店等）建设，各搜索产品优化推广，电子商务平台维护重建、扩展及网络产品研发与盈利。从后台优化服务于市场，到创建执行服务市场同时创造市场。随着时间的推移，电商卖家越来越多，打造品牌，成了企业后期的战略核心，品牌化电商成为企业开拓网络市场的主流核心思想。

对于天猫等电商平台来说，产品口碑的好坏都能立刻体现在消费者的购物反馈上，这些反馈对企业有巨大的帮助，对改进产品和服务起着推进作用。

往往我们看到某企业因为某个社会事件而公关不利，表面为公关战术失利，实则为营销本质的本末倒置，搞错了方向。新价值消费时代，抢夺客户并珍惜客户评价、客户口碑才是品牌本质的核心关键，是企业销售驱动的原点，是企业最平凡的战略素养。天猫这类高品质的购物平台正是扮演了这样的角色。

天猫平台是企业的营销窗口，但是对于传统营销来说，也只是个不同的战场而已。

天猫平台是企业的营销窗口，但是对于传统营销来说，也只是个不同的战场而已。

随着时间的推移，天猫电商平台的门槛肯定会越来越高，如果你的战略规划已经很清晰，就应该立刻启动天猫店铺，再不进天猫就晚啦！

# 天猫能帮你实现什么

## 天猫帮你实现移动化

随着互联网及移动互联网的发展，传统行业与互联网的融合不断加深。在 2015 年的全国“两会”上，“互联网 +”出现在政府工作报告中，成为国家战略。在这样的背景下，许多企业也纷纷在全球互联网的大潮中寻找自己的定位，急着转型，拥抱互联网。可是，对于很多传统企业来说，企业互联网化不是简简单单就可以实现的，而天猫刚好给企业提供了这样的平台。天猫平台是企业互联网化最便捷的途径，同时天猫已经自动实现了移动化——移动终端的天猫 APP 应用，这样避免了企业自己创建互联网平台、建设平台和移动端口的种种麻烦。借助天猫这个平台，企业可以在移动化的道路上事半功倍。

如今做天猫店已经不仅仅是开一家网上店铺那么简单。本书将在环境和平台相对公平的前提下，讨论如何通过天猫店打造企业自己的品牌特色，从而杀出重围的方法。

## 天猫帮你打造品牌

在以往的时代，建立渠道并打造品牌可能需要长达几年，甚至十几年的时间；但在互联网时代，品牌打造可能会更快，不过难度却加大了。作为销售和品牌的数字大本营，天猫很好地充当了品牌一站式立体展示平台。

假如地面销售无法做数字管理和客户的数据分析管理，那么网络电商，特别是以天猫为首的电商平台将给传统企业提供很好的数据管理操作系统。以前，传统企业无法开展大规模的数据研究、数据管理研发等互联网技术投资，但是，在移动电商时代，天猫或许会成为企业互联网化的重要平台。

也许你认为还有淘宝或者其他平台，但不管是企业通过淘宝、天猫来打造淘品牌，还是地面的知名品牌进驻天猫，都说明天猫已不只是当初的淘宝升级版，它是品牌的孵化基地和将品牌推向全国的重要电商入口。地面转线上，出口转内销，会使企业的地面渠道压力很大，而天猫可以说是企业比较合适的选择之一。

在“互联网 +”的背景下，企业作为经营主体已经从单纯销售产品升级为经营品牌或者经营粉丝。但是，粉丝先要有入口，通过入口来购买和获取企业的经营信息。而掌握客户的信息，再把新客户培育成老客户的过程，需要数据化和数字化的操作平台来实现。天猫为企业提供了基本的操作工具和平台，不管企业是有 1 个客户，还是有 100 万个客户，通过 1 个天猫后台就可以管理对接，相对地面传统营销来说，企业服务客户的效率显著提升。

## 天猫帮你实现 O2O 线上线下一体化

移动已成为互联网电商的核心关键词，天猫已经早早布局了天猫无线作为移动端的开启。对传统企业来说，要建设网络平台和移动平台是一笔不小的投入，这也是我不建议企业自己搭建平台而推崇第三方平台来实现电商发展的原因。

天猫从未停止过对 O2O 模式的探索，天猫的品牌店、旗舰店、自有网络品牌都是线上线下一体化的尝试。线上与线下有着不同的优势，天猫可以帮助企业实现线下体验、线上付款，线上下单、线下提货。随着越来越多的大品牌开始进驻天猫，线上的便利与线下的体验慢慢融合，传统的消费观念也逐渐被全新的消费观念取代。

## 用天猫迈向全世界

近年来，天猫商城不断提高价格门槛，我认为，企业进驻天猫商城本身就是品牌行为,天猫提高门槛有益于减少低劣的产品。目前，天猫已经成为进军全国消费市场的窗口。试想，地面的一个渠道门店需要多少钱，能覆盖多大范围？而利用天猫可以一个渠道覆盖全国。

如今，天猫国际化成为阿里国际化的重要方向，传统企业升级互联网，搭乘天猫国际化的便车，便可轻松走出国门，用天猫走向世界成为可以实现的目标。

# 做好天猫的策略重点

入驻天猫是企业营销的重要环节。在绝大多数人看来，天猫商家无非就是产品上线、销售、收钱，但往往事与愿违，大部分商家在天猫上线后压力重重，甚至出现亏损，只有少数商家，或因早期进入，或因具备强大实力，或因具备系统策略等才获得成功。

大部分人了解天猫进入的流程、操作步骤和具体的图片展示方法，但忽略了最关键的部分：卖什么？为什么卖？

纵观营销渠道和发展历史，企业每天都在寻找企业品牌提升和销售增长的方法。在天猫渠道中，可以多种营销功能合一，一边传播品牌，一边直接销售。

天猫看起来是电商平台，实则是企业营销战场，只要是战场就会有失败的一方，但大多数企业意识不到危险的存在，缺乏系统的战略支持来科学地运营天猫，错把天猫当成上货的平台，最终导致产品卖不动，也觉得天猫不好用。

最近几年我将研究的重心聚焦到“80后”“90后”的年轻市场上。在天猫上服务和运营的客户越来越多，大部分商家促销急切，而忽略了品牌是根本，价值是根本，让客户感到值得买才是本质问题。

天猫创造了电商的神话，不少商家借助天猫这个互联网平台崛起，天猫也成就了不少淘品牌。中小企业想要创建一套直接销售并建设品牌的方式，天猫是非常适合的战略级平台。在这个时代，企业要以消费者的价值模式去打造品牌。基于此，我创建了年轻派营销模型，此模型的4个基本维度是：需求、喜欢、信任、价值观。这是营销内部工具的4个全新纬度，是新一代品牌成功的战略关键。

年轻派营销模型的4个维度：需求、喜欢、信任、价值观。

淘宝和天猫购物类目研究数据显示，年轻人浏览网页的高峰时间从上午9点延续到晚上12点，占全天总量的53%，甚至在凌晨1点也有约20%的年轻人还在网上冲浪。19～30岁的年轻人上网浏览内容的前三位分别是：新闻、娱乐和购物。这些信息量极为丰富、黏性又很大的媒体在很大程度上满足了年轻人活跃的网络行为需求。通过分析这些年轻人的广告互动行为发现，他们关注度最高的是食品饮料信息，其次是数码手机广告和美容护肤品广告。

随着互联网文化的发展和互联网的广泛使用，互联网已成为“80后”“90后”年轻派消费者进行购物的主流生活方式，天猫也自然成为电商的主流战场之一。

面对众多店面和多样化的商品，企业已经面临巨大的竞争发展压力，在启动天猫前你是否思考过：

消费者需要你的产品服务吗？

消费者喜欢你的产品服务和品牌个性吗？

消费者信任你的品牌信息和企业产品吗？

消费者认可你的品牌文化价值观吗？

一直沿用原有的天猫产品促销方式可以吗？

# 第 2 章

# 品牌定位：让你的天猫店脱颖而出

## 做有点风格的天猫店：差异化品牌策略

了解了开天猫店的重要性和紧迫性，相信很多人都会迫不及待地去开一家天猫店，本章将从宏观上教你如何开一家有市场前景的天猫店，如何让你的天猫店在众多竞争者中脱颖而出。

在具体讨论开天猫店应该卖什么，怎样卖之前，首先应该了解品牌的创建。因为无论在网上卖什么，归根结底，卖的都是企业的品牌价值。不管是通过天猫这个平台，还是其他平台，品牌的创建，即是通过好的营销策略、创意诉求、对消费者合适的传播沟通达到客户价值感知的体验，并通过不断地优化和循环来反复升级营销活动结果。这

> 营销的本质就是把相同的产品卖出不同。

个过程聚焦到天猫上，看得见的是行为，而行为的背后是系统性的战略规划。营销的本质就是把相同的产品卖出不同。

图 2-1 是年轻派营销的品牌价值体系模型，图中心是品牌的核心价值。四周依次是创意、营销、战术、传播。

**年轻派营销品牌价值体系模型分为四个维度。**

**创意维度：**A 价值特征，B 定差异价值，C 差异化表达；

**营销维度：**D 品牌战略规划，E 品牌策略打造，F 品牌价值体系；

**战术维度：**G 品牌促销活动，O 客户流量，P 会员重复消费；

**传播维度：**S 线上传播，R 线下传播。

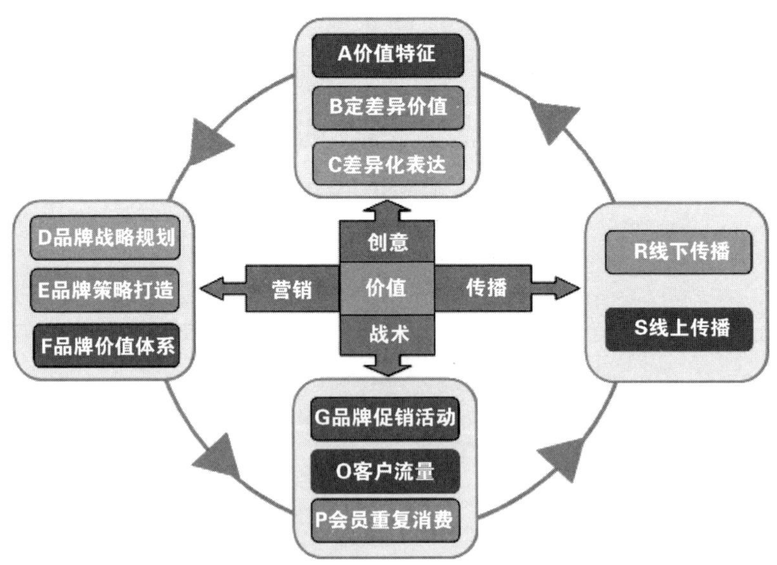


图 2-1　年轻派营销的品牌价值体系模型

这个图可以作为整个天猫的品牌价值体系的思考模型。

经营天猫店，首先要有经营企业品牌核心价值的意识，具体操作应该注意以下几方面。

## 品牌策略多样化

营销是动态的，也是不断升级的。目前，市场上针对年轻人的营销策略很多，各有特点，在此不一一罗列，只列举几种我经常为客户进行营销规划的方式。针对图 2-2 中的“E 品牌策略打造”环节，有如下参考策略。

图 2-2　品牌价值体系模型——营销维度

### 1. 品牌理念年轻化

品牌年轻化是企业针对年轻人的一个不变的策略，因为一些品牌随着时间的增长，或多或少会让消费者感觉到其产品的老气，或者有些品牌的定位本身就稍显成熟，如金利来系列产品，其人群定位为成功人士，这与年轻人的需求存在明显差异。

其实，中国人的消费结构已经随着年轻人群的消费观念和消费能力的改变而改变，年轻人产品种类和年轻消费群体已经广泛受到市场关注，并且互相形成网络和现实社会的交叉关系。无论是“80后”还是“90后”，已经不再是一个社会学的概念，其中夹杂着更多的经济因素。为了抓住年轻消费者，一些世界知名品牌不惜放下更为广大的客户群，转而把策略瞄准到极具潜力的年轻人市场。

豪车年轻化、奢侈品年轻化、高档数码产品年轻化、服装品牌年轻化……年轻化，已经成为世界知名品牌重新制定的中国市场的策略。无论是更换更年轻更时尚更符合潮流的代言人，还是推出搞怪创意层出不穷的副线产品，这一切都是为了迎合年轻人时尚爱玩酷的个性和天马行空的想法。网购也从当初的小件商品为主扩展到装修用品、家具、高档数码电子商品等，甚至汽车也开始在网上首发，小米公司更是把网络作为唯一销售路径。网上订房、网上贷款、网上订制高端旅游等都在大规模发展。

**（1）在品牌概念中借力体育营销**

体育本身所具有的激情吸引着年轻人的目光，年轻人对体育的喜爱与迷恋依然有增无减。

在品牌形象和品牌个性中植入体育营销，对年轻人来说有着独特的魅力，体育赛事也因此成为无数商家展示自我形象的必争之地。通过赞助体育赛事，无数品牌实现了从产品到品牌，从国内到国际的升华。对年轻人来说，体育是一个永恒的话题，当我们看到年轻人定期守候在电视机前观看NBA的时候，当我们看到年轻人挑灯熬夜看世界杯、欧洲杯的时候，当我们看到耐克、阿迪达斯凭借体育风行全球的时候，当我们看到三星凭借韩国奥运会从国内品牌向国际品牌华丽转身的时候，当我们看到国内品牌如李宁、特步、青岛借助NBA实现“激情梦想”的时候……我们会发现，对年轻人来说，原来体育是如此的迷人，体育营销是一把如此锋利的“营销武器”。

**（2）借助网络给消费者讲企业故事**

如果你还在以权威、生硬的身份出现，想把某种消费观念强加给年轻人，那么，你已经OUT了。对于年轻人，营销传播要娓娓道来，要为赤裸的营销穿上一件美丽感性的外衣。

讲故事最容易贴近人性，并可以给冰冷的商品赋予情感，从而建立品牌与客户之间感情沟通的桥梁。品牌故事是在商品同质化年代，最能打造商品差异化的一种工具，从而树立品牌个性，迎合消费者的价值观。

日本商人吉田正夫有一次去菲律宾探亲，他看到海边石头里有一些成双结对的小虾。细问后才知道，这些自幼钻进海边的石头缝中，在里面成长无法出来的雌雄虾，最终会共同度过一生。在当地，这些小虾被作为玩物出售，生意比较平淡。吉田正夫认为，这些小虾不应该不好卖，关键是所卖的商品缺了点什么。他想：这一对对从一而终、爱情不变的小虾，不正可作为夫妻永远美满的象征吗？于是，他给这些对虾融入了永结同心的爱情故事，并取名为“偕老同穴”，很快成了畅销的结婚礼品，连开分店，仍供不应求。

最打动人心的其实是产品背后的故事。不少天猫原创品牌在风格上的打造正在补这一课。

（3）用卡通和真实的元素做形象代言

按常理来说，请明星做代言人需要花费百万甚至千万的费用，这并非一般企业能承受的，而且找到合适的明星代言也很难。

明星的作用主要是符号代表，企业请品牌咨询公司创建品牌符号也是很有效的方法之一。

在移动互联网时代，消费者年轻化，以“80后”“90后”甚至“00后”为主流的消费群体，更喜欢人性化的企业家、卡通的娱乐元素，真实的社会人士来对他们进行品牌传播和沟通更容易接近他们的内心，而大明星对他们来说吸引力并不大。

从企业角度来看，请明星做代言往往风险大，花费多，也不见得有多大的效果。

明星符号、包装符号、企业logo标识等传播符号都是传播品牌重量级战略的策划资源。合理利用这些资源，才能让品牌个性十足。

用卡通形式创建的品牌符号代言人不仅能为客户降低成本，而且也能符合年轻消费者的心理。

用卡通形式创建的品牌符号代言人不仅能为客户降低成本，而且也能符合年轻消费者的心理。

图2-3是我为客户龙威信集团创建的品牌符号。卡通符号取名为“龙仔”和“信仔”，与“LOVISE龙威信”相呼应，造型可爱、健康向上，以水为主题的形象给整个设计带来了灵性，有利于动画宣传和周边开发。水滴形状的脑袋代表“龙仔”与“信仔”与水息息相关，是健康水孕育出的快乐小精灵。后期还可以通过不同造型及动作的变化，衍生出众多龙威信品牌的特质。总体而言，该组吉祥物可塑造性很强，在以后的应用中会有更多的发展空间。

图2-3 龙威信集团的品牌符号

### 2. 品牌表达差异化

#### （1）借力文化营销

对于天猫等网络电商来说，利用好品牌文化尤为重要。文化营销是所有营销手段中，难度系数最大，影响力也最大的模式。品牌文化影响力的强弱与品牌价值相关联，肯德基、迪士尼、Hello Kitty 卡通玩具等都是文化营销的产物，网络品牌可以借力产地文化、旅游文化和个性文化，当然年轻人也有属于年轻人的文化，总之，对于一些有实力的企业，特别是对于从事网络游戏经营活动的企业来说，借力文化营销是一种不错的选择。

#### （2）卖出产品的稀缺性

什么样的产品最酷、最值钱？当然是稀缺的产品。所谓"物以稀为贵"，对于崇尚自我、张扬个性、追求与众不同的年轻人来说，得到一款稀缺产品会让他们痴迷和疯狂。

如何制造稀缺？

第一，限制数量。耐克将限量策略运用到了疯狂的境界。耐克 Pigeon Dunks 的推出，使得数十位骨灰级耐克迷在耐克销售店因争抢而发生冲突，直到警察赶到才解决了问题。物以稀为贵，限量制造疯狂。

第二，限制人数。英国滑板品牌西拉斯 & 玛丽亚的东京店，每次只能进 20 名消费者，其他人需要站在门外等待。在前一批消费者离开之后，货架上的产品会重新更换。消费者乐此不疲，将进入“限制范围”作为自己个性的体现和身份的象征，也实现了个人与产品情感上的沟通。

第三，限制时间。作为产品或服务，在特定的节日或面对特定的客户群体开展活动。

也还有其他的限制方式，从某级别的老客户、某类别的群体客户等很多角度都可以展开稀缺价值诉求。

如果你的主产品没有限制数量，还可以通过增加赠品的方式进行。虽然主产品没有限制，但赠送的产品是有限制的，同样可以实现产品的稀缺性价值。

（3）利用互动进行实时创新

有营销专家说，现在的营销已经是“一对一”的模式了。的确，在移动互联网时代，随着商业的发展，产品同质化越来越严重，卖方市场的优势越来越小。企业或商家要想立足和发展，就得主动去迎合消费者的心理需求，需要通过移动化来升级商业服务形态。

年轻人消费的一大显著特点就是求新求变。只有不断地创新，满足年轻消费者的心理需求，企业的产品才能够畅销。

### 3. 品牌定位个性化

品牌定位个性化是通过客户价值不同体现出来的。

客户价值是企业生存的根基，产品是客户价值的兑换物，营销就是实现价值交换的过程。你给客户什么价值，客户就得到什么价值，在价值曲线上你与同行的差异就在哪里。在准备启动天猫电商前，要想清楚企业的产品和服务到底能给客户提供什么价值。大部分商家上线天猫后才发现除了价格外，自己什么都没有。

客户购买的是价格吗？

客户购买的是价值，是价值的组合，是组合的结果，是结果给客户带来的好处，是好处给客户带来生活的变化，是生活的变化给客户带来的享受。

产品有三种价值：

① 产品本身的使用或者功能价值。

例如企业请策划咨询公司是解决营销问题，提供包装、策划、推广等看得见的基础价值。

② 产品的附加价值。

企业请策划咨询公司是站在更高处帮助企业把握方向，提供的是信心、看问题的高度和专家角色。

③ 产品的第三种价值，即衍生价值。

企业请策划公司，提供的是权威感、知名度，是对企业客户的信任背书，对经销商员工的信心提升。

我们来看以下的例子。

灯光是用来照明的吗？是，但也不是。灯光是用来照明享受舒服的，是用来享受照明的乐趣的，是用来给孩子一个空间的，是用来给孩子空间更好地学习的，是让孩子在更好的环境中学习成长从而发展为一个聪明活泼快乐的人的。

如果只吃饭，你该怎么做？

第一种，吃饭在于吃饱，也许是30元，做好饭菜，用碗盛上来即可。

第二种，吃饭吃饱还不够，需要好吃和喜欢，也许是300元，需要菜式的呈现形态、表现方式及盛装的容器不同。

第三种，请客，和别人一起分享，收获朋友的信任，得到生意，价值也许是3000元，需要优越的环境和优质的服务。

这三种都是在吃饭，但价格从30元到300元再到3000元。

企业给客户呈现的价值应是多种角度的组合。

什么是价值体系和价值表达呢？

图2-4的价值曲线显示，大型电脑公司的价值曲线在售后服务角度呈现更高的水平，而戴尔公司的电脑方案价值突出点则不同于大型电脑公司，发力在个性化程度，这

就是核心价值所引领的企业战略。戴尔以组合和灵活闻名于世，与此相比，配件商或组装机电脑方案的特点是价格优势明显，服务跟不上，个性化程度一般。

在这三类不同的价值战略驱动下，企业的价值差异明显地呈现出来，企业的资源、投入，以及企业希望在客户心目中打造的品牌价值形象，都不同程度地个性化起来。

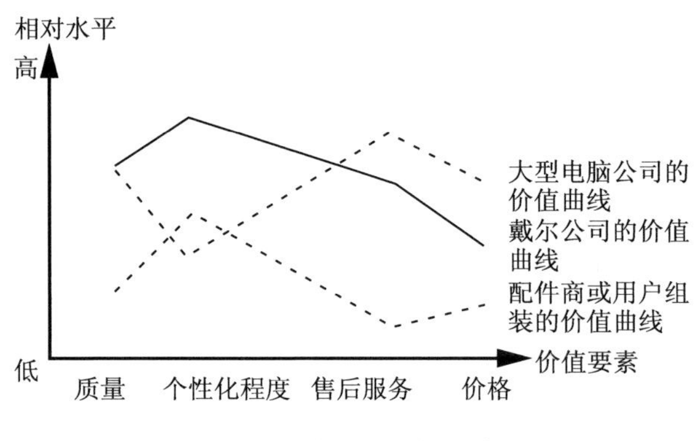


图 2-4　价值曲线示意图

客户价值是企业价值战略的基础，企业为客户价值而存在，价值又反过来指导企业的经营侧重点和方向。

消费者感受到的服务需求和购买需求也会随客户价值变化，所以五星级宾馆的客户需求所呈现出的价值点与 7 天酒店这类快捷经济酒店会存在明显的区别，企业和企业之间的差异由此而展开。但也许你会说你的产品有很多功能和特点没有表达出来，天猫的平台页面给了企业广阔的空间，企业应该去好好研究如何把产品和服务的特点表达出来，而不是研究如何提高流量。

前面所说的价值与后面的推广流量，就是一个质和量的关系。明白了这个核心，你已经可以正式上道了。

品牌价值的背后是客户价值在引领。从企业经营的层面上，首要问题是找准价值点。70%的商家上到天猫平台后才发现根本没有核心价值差异化战略，因为客户价值几乎没什么差别，只能用价格战和促销，完全属于战术化运作行为，没有自己的品牌价值体系和规划。由于没有独特的价值体系，客户的满意度和回头率不高，利润少到不足以支撑越来越高的成本，无法承受不断升高的推广成本的负荷，最终亏损。而反观那些竞争能力强、客户回头率高、体验细节到位的天猫电商商家，在天猫启动的时候或者在天猫开展的过程中一直在不断优化自身的价值体系构建，战略也越来越清晰。

天猫促销活动的整个运营过程，就是价值表达的具体落脚点。我们进行天猫促销，并不是为了低价促销；做折扣，也并不是为了低价。

客户价值已经成为开展营销与品牌发展的核心问题，一切策略和战术、促销活动等都围绕品牌核心点展开。

客户价值已经成为开展营销与品牌发展的核心问题，一切策略和战术、促销活动等都围绕品牌核心点展开。

可能会有企业商家说：我已经入驻天猫，但是没有在开始时进行规划。没关系，企业经营、营销运作就是一个不断优化的过程，你要不断优化你的天猫客户体系。

广州祥荣是英维康的华南战略代理商，但面对网络低价市场竞争对手的混乱局面，我作为客户的整体营销咨询顾问，就如何帮助客户打造自身竞争力、规划品牌核心价值、抓住核心消费群体成为整个经营的核心要点为客户进行了整体规划。

客户价值

图 2-5 是根据制氧机品牌英维康梳理的客户价值曲线，主要从如何拟定企业的竞争力着力点，打造自己的竞争优势和模式，从而将资源集中等方面进行分析。从样本分析中可以看出，英维康制氧机在使用时间、易用性、服务、灵活性、购买风险、产品丰富度、抓住客户需求、满意度等方面都比竞争对手要好。

整体战略规划

图 2-6 是企业定位为高端氧疗服务商后的整体战略规划要点，也就是整个企业品牌的价值。

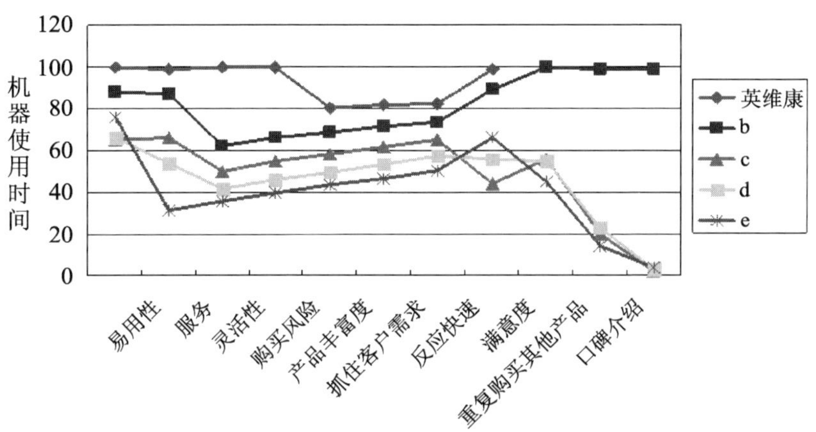


*此图为示意图，实际比例需要结合市场调研和观察。
*样本说明：中国福建、广东等地区潜在目标客户1000份。

图 2-5 英维康的客户价值曲线图

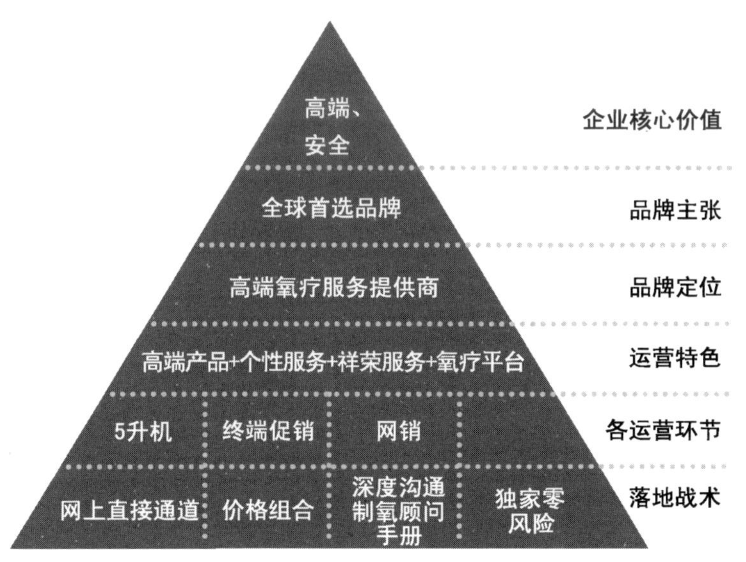


图 2-6 英维康品牌落地整体框架图

企业通过了解消费者需求和消费者对价值的认知来提升产品服务价值，促成销售。

在消费者层面，需要思考几个点：

谁是我们的消费者，消费者购买的是什么，是产品还是产品带来的价值服务？

消费者为什么买你的而非你的竞争对手的产品？

你呈现给消费者的产品体系是完整清晰可以相信的吗？

消费者购买后超出他们的预期了吗？

## 服务解读

在品牌服务解读上的分析如图 2-7 所示。

第 1 步，明确你的定位是产品还是服务，回答是服务。

第 2 步，谁是你的客户人群？氧疗重度人群，也就是已经对吸氧有依赖的客户群体。

第 3 步，到底是什么价值给到客户？是系列产品和人员的服务整合后的组合系列服务产品与方案。

第 4 步，分析这类客户还能带来什么需求和可以开发的需求，这叫作衍生后端。

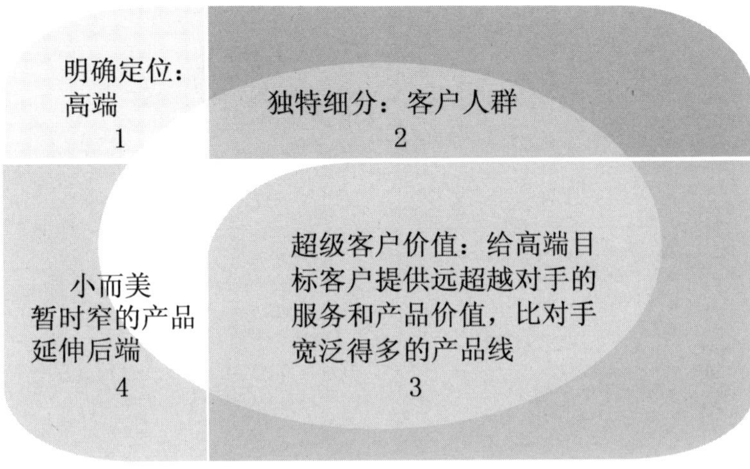


图 2-7　英维康的服务解读

既然是服务，就可以模拟角度，通过与其他品牌的对比，就能清晰地找到自己的位置，并与其他品牌进行区分。具体如图 2-8。

战术是战略的表达，战略是指导战术的准则。能围绕战略价值的战术，就要做多、做好、做深。因为高价是我们的特点，高价的背后是高后端开发，通过扩大预算，在市场上打击对手。比如买 10 万元汽车的客户和买 200 万元汽车的客户哪个更值得开发呢？要看竞争对手，竞争对手卖 10 万元的汽车，其本身前端价格很低，无法做出营销预算跟进，所以不能支撑后端的开发。

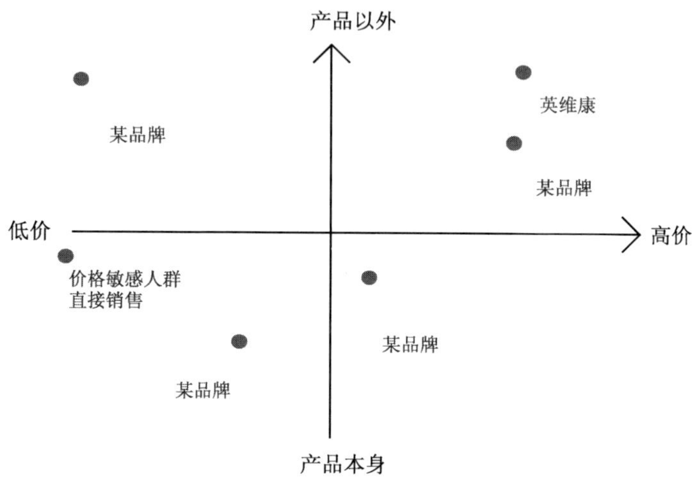


图 2-8　客户竞争战略分析

## 市场竞争的战略选择

在市场竞争层面上，也要分析对手，结合自己的优势和市场需求，做出合理的定位。战略选择如图 2-9。

在战略选择方面需要从三个角度同时思考：

第一，竞争层面上，是否还有没发现的机会，以及市场的发展趋势，和对手相比你的优劣势在哪里，哪些是对手具备强大优势的而不适合你发展的方面；

第二，自身的优势，企业想发展的方向，哪些方面是自身能力擅长、资源擅长的；

第三，对手不擅长，而你擅长也想发展的，是否是客户的本质需求，或者至少是客户众多需求中的一个。

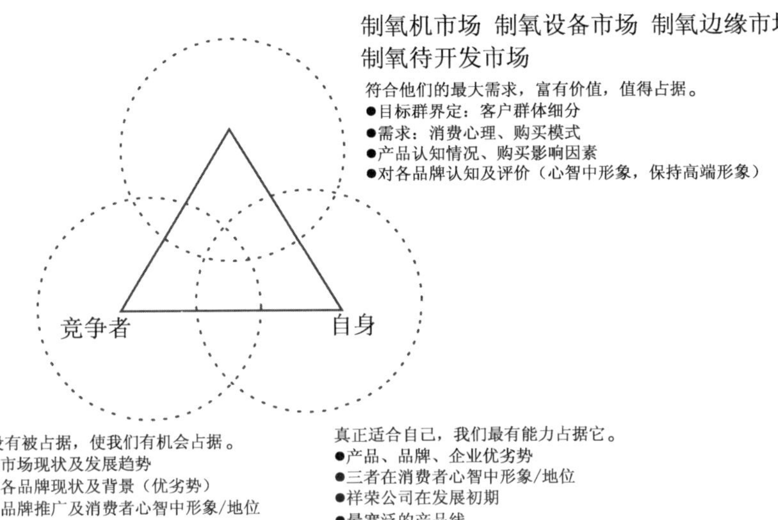


图 2-9 高端氧疗服务提供商的战略选择

## 品牌创意差异化

### 1. 表现不同品牌特色的关键词

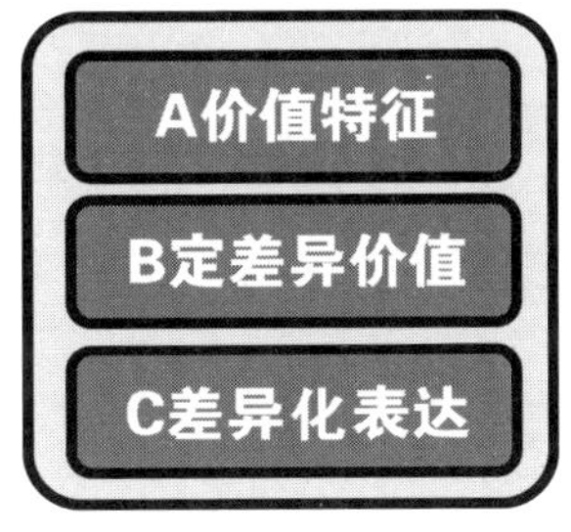


图 2-10 品牌价值体系模型——创意维度

如图 2-10，在品牌价值体系模型创意维度部分，B 环节为差异化价值的打造，C 环节为差异化表达。有了品牌核心价值规划，下一步就是怎样让品牌看起来不同，即打造品牌的个性化价值，表 2-1 列举了一些品牌差异化的表达手段，供读者参考。

**表 2-1　品牌差异化的表达方式参考**

| 差异打造策略 | 传播策略表达方式 | 在天猫上的操作示例 |
|---|---|---|
| 更多 | 小包装升级大包装 | 天猫特别包装 |
| 服务 | 专人专属，360天1对1服务 | 天猫特别服务 |
| 更正宗 | 产地，原始 | 天猫特别产地批次 |
| 第一 | 最早，创造者 | 天猫类创始 |
| 销售 | 遥遥领先 | 天猫类销售 |
| 细分 | 在大范围不行，但小范围厉害 | 天猫唯一一家 |
| 升级 | 新一代的代表 | 天猫服务类代表 |
| 特长 | 在某一方面专长 | 唯一1个能先品尝再购买 |
| 综合 | 1个代表5个，1就是5 | 1件包含5件的价值 |
| 颜色 | 蓝色的产品 | 独家蓝色包装 |
| 分期 | 可以分期支付的套餐 | 独家分期付款 |
| 分批 | 卖套装，分次送 | 天猫特别活动 |
| 特征 | 具备某个特征 | 天猫唯一线下联动 |
| 发货 | 发货方式不同 | 天猫尊享发货 |
| 包装 | 包装形态不同 | 节日尊享包装 |
| 经典款 | 多年最经典的款式 | 天猫日限量版经典 |
| 工艺 | 生产工艺过程 | 视频展示 |
| 味觉 | 闻起来和吃起来有特点 | 视频展示 |
| 价格 | 别人低价多，我高价多 | 差异化天猫产品线分布 |
| 奖品 | 百分百中奖，操作即中奖 | 天猫购物回馈 |
| 会员专享 | 客户分级别享受优惠和赠品 | 天猫会员独享 |
| 性别 | 专门针对男性或专门针对女性的诉求策略 | 天猫女人节 |
| 节日 | 节日专属，节日专有，节日专享 | 天猫年货大街 |

我习惯把企业的整体运营分为战略方向、策略方法和战术操作落地三个层面。

可能有人会说自己的产品没有差异化，或者差异点不明显，怎么办呢？那么请问你觉得世界上有没有完全一模一样的两个人，我相信你的回答是没有。

同理，在战略上，每个企业发展路径不同、发展特色不同，吸引的客户群体就会不同；在策略上，表达不同、包装不同，则说明销售模式和给予客户的价值不同，当然客户的购买价值也不同；在战术上，价格呈现、销售手法不同，可能一次两次看起来跟对手基本一样，但也许你的销售利润就从第三次才开始。我们看到两个人外貌上并没有多大差别，这就是我们说的看得见的战术，但时间长了，两个人的差距就出来了，这是因为这两个人的思想、思路、计划和发展方向不同所致。

企业战略的重要性就在于看不见，但力量最强大。

企业战略的重要性就在于看不见，但力量最强大。

## 2. 市场定位细分，创造传播点

在20年以前，所有的洗发水的功效都是一样的，根本没有什么区别。后来，人们因为不同的需求，逐渐对洗发水有了选择：有的人希望能去头屑，有的人希望去油，有的人喜欢头发顺滑……于是洗发水开始分为很多种：有去屑的、去油的、护发的……再后来，仅是去屑类型的洗发水又细分出了很多品牌，如海飞丝、清扬、力士等。再到后来，洗发水有了更差异化的细分，出现了男性洗发水、女性洗发水和儿童洗发水。

洗发水的细分过程，就是一个不断精准化定位的过程，也是企业不断成熟的一种表现。如今的市场早已经不再是企业生产什么人们就消费什么的时代，也不再处于“一对多”的时代，而是“一对一”的时代、以消费者为导向的时代，这需要企业不断地进行精准定位，在特征模糊的人群中，寻找到具有某一特征的人群。中国人口众多，哪怕是一个再小不过的细分群体，其总数量也大得惊人。

(1) 客户的消费时间点

移动互联网时代，每个消费者都不规律地接触信息，碎片化地生活和自由行走。企业应该根据年轻人的生活习惯、媒体习惯来调整传播的时机和节奏，24 小时不间断地进行信息渗透。如早上的报纸广告或软文，上下班途中的公交视频、路牌广告、车站亭广告、车身广告等，工作时间各种形式的网络广告，晚间的电视广告、电影电视剧植入广告等。对年轻人来说，网络广告时间渗透的作用更为明显。在很多网站中，广告主可以自行决定广告在哪个时间段出现，这样既可以达到精准的效果，又可以节省传播费用。在网络购物中，产品上、下架就是典型的时间点，“双 11”促销、重要节日大促销都属于抓住客户消费时间点促销。

（2）客户的消费地点

移动互联网时代的最大特点是消费者时间地点碎片化，每个人都有不同的时间节点和生活地点。根据产品消费场所、地区的市场环境特点、目标消费群行为习惯、产品销售渠道，选择适合的传播地点、空间、环境。例如，嘉士伯啤酒在多家量贩 KTV 举办各种活动，成功地占据了年轻人的心；某高端品牌的手表在高级沙龙、酒吧办活动，与高端消费者进行互动；等等。

（3）客户接触的媒体圈子

在移动互联网时代，广告的呈现形式多种多样，电视、报纸、杂志、广播、户外、手机、电子邮件、博客、网站、IM、游戏、陈列店门等，每种广告都有各自的特色，每种广告都有各自的优势。显然，在广告信息爆炸的今天，依靠单一媒体已经很难实现传播效果，多媒体立体传播已经成为一种趋势。

IM（Instant Messaging）即时通讯、实时传讯。

越来越多的品牌在传统品牌广告上植入搜索引导，越来越多的品牌开始传播并引导天猫二维码购物、微信二维码下订单，这一切都可以在手机、平板电脑等移动终端上瞬间完成。

### 3. 传播方式娱乐化

美国经济学家沃尔夫在《娱乐经济》一书中指出：社会中的一切经济活动都能以娱乐的方式进行，极少有什么业务能逃脱娱乐因素的影响。倘若没有娱乐内涵，在明天的市场上，消费性产品将越来越没有机会立足。

在产品同质化的今天，消费者逐渐产生视觉疲劳和思维迟钝，人们已经不再喜欢生硬的广告灌输，传统广告的价值正在大幅滑坡，传统营销方式的有效性大打折扣。未来，所有的行业都将是“娱乐业”，未来将是“娱乐营销”升华的时代。

2012 年，中国首本娱乐杂志《南都娱乐周刊》在广州举办中国首届娱乐营销论坛，论坛系统总结了一些行业与娱乐行业的关系和关联。研究证明，人们普遍在娱乐的环境中更愿意做出消费或者购买的决定。而到 2015 年，《南都娱乐周刊》凭借其所用的娱乐营销传播模式和资源，已经与全国上千家企业达成合作，可见娱乐传播在品牌创建中的快速升温。

我们身边的一切都是“娱乐业”，包括从生产到销售的所有环节。消费者需要在快快乐乐的心情中把商品买回家去享受，而商家也需要高高兴兴地把产品卖出去才能得到实际利润。在这个过程中，从来都没有脱离过“娱乐”二字。因为生活本就不易，大家花钱买的是心情，即便你是制造业，也应该披上娱乐的新装。

（1）注入娱乐化的互动式体验营销

年轻人更注重消费和使用过程中的感受与体验，追求产品或服务与自己情感体验的一致性。因此，互动式体验营销更能激发他们的购买欲望，引导消费、刺激消费，可以实现他们的功能体验、娱乐体验和感官体验。

**功能体验娱乐化：**通过对产品的试用体验，消费者对产品功能有更真实的感受和认知。SONY 建立品牌体验店，成立 SONY 梦工厂，为年轻消费者提供不一般的视听享受，大大激发了他们的购买欲望。

**娱乐感受体验：**年轻人喜爱娱乐、追逐娱乐。企业可将产品或品牌的理念特质融入娱乐之中。例如“江中亮嗓”赞助娱乐选秀节目“红楼梦中人”，根据江中药业股份有限公司方面的资料显示，自节目播出以来，江中亮嗓在全国范围内的品牌认知度达到了 40% 以上。

**感观体验娱乐化：**年轻人是注重感受的一代，给予他们视觉、听觉、触觉、味觉、嗅觉五感的综合感受，才更能让他们感觉到酷、有意思、好玩。Stefan Floridian Waters 是作为新加坡航空形象的一部分而特别设计的香水，并已经被注册成新航的商标。为了能闻到那独有的香味，许多人会专门选择新加坡航空。将五感营销运用在终端店，给消费者以综合的感受，相信消费者都会流连忘返。在体验经济时代，“感受”才是让消费者纷纷购买的利器。

**（2）娱乐多一点，好玩多一点**

移动互联网时代，主流网络购物者以“80 后”“90 后”居多，年轻人喜欢音乐，年轻人喜欢看电影，年轻人喜欢热闹……总之，年轻人喜欢娱乐，不管是娱乐别人，还是娱乐自己。因此，在企业面对年轻人消费群体束手无策的时候，不管是娱乐中实现营销，还是营销中添加娱乐，娱乐营销不失为一种很好的模式。

> 还记得手机大王诺基亚吗？通过 TOFA 雷达图（如图 2-11 所示）的显示，可以发现它跟苹果相比起来最大的差别。苹果销售的是娱乐设备，而非通话的工具。享乐和时尚是苹果最吸引消费者的地方。

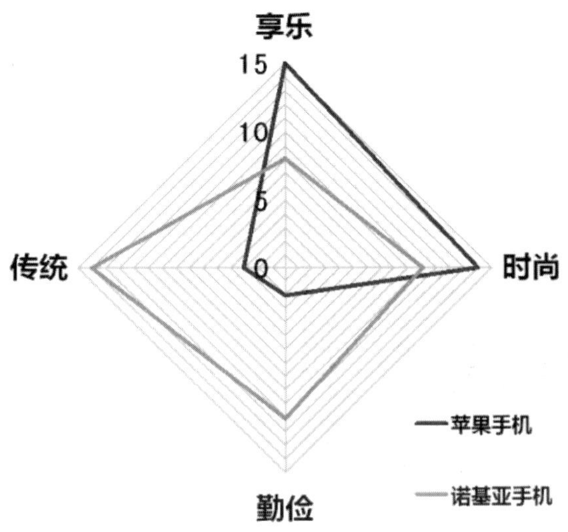


图 2-11 苹果和诺基亚手机的 TOFA 评估模型

TOFA 是多维度的消费者评估，用雷达图示例，可以清楚划分不同产品对应的消费价值维度。用这样的评估体系找到产品对应的消费者。或者，在明确目标消费群后，开发针对性产品。TOFA 模型的标准数据通过积分问卷累得。

白酒的消费人群向来是成熟人群，但“80 后”“90 后”新生代消费者来临后，这类产品的诉求发生了转移。而江小白的白酒沟通策略值得借鉴，如图 2-12 所示。当品牌与消费者进行好玩的沟通时，品牌就会变得娱乐起来。抓住新生代消费者的特性与喜好，是现代营销的明智做法。移动互联网时代，需要企业这样做。

图 2-12　白酒品牌江小白

# 利用社会化媒体做天猫店的品牌传播

## 微博与微信营销

移动互联网时代，信息变得很透明，无论你是一家企业或者一个品牌，或具体到一个天猫店铺，消费者很容易找到关于你的一切，所以你是透明的，你的任何行为，无论是广告传播态度、公关沟通言论，还是天猫店铺的促销、客户的素质，都一览无余地展示在消费者面前。在移动互联网时代，微博与微信的社会化传播、二维码的普及，使得基于移动特征的营销革命正在袭来。

当网络进入 web2.0 时代，不论是商家还是使用者，都已经厌倦了单调的硬性推销模式，转而把战场扩展到了用户深层体验上。就如同那句广告语，“大家好，才是真正的好”。这是口碑营销模式下必然要经过的一条道路，同时也对营销活动的双方都提出了更高的要求。

### 1. 微博营销

#### （1）微博营销的优势

微博对于企业来说，其核心价值在于企业的口碑传播，从而吸引用户或潜在用户关注留意公司品牌，并参与交流、互动。“微博客服”已经广泛应用于各行业的官方微博，这可以实现售后咨询的成本节省。鉴于微博具有良好的灵活性，可以在收到用户问题意见时快速做出反应。在微博这个“无界”的地方，企业可以及时发现负面信息，并进行合理的解释、开导，化解矛盾，净化网络中的不良口碑，达到一定的危机公关作用。

微博可以帮助企业快速有效地积累起固有的粉丝群及好口碑。其实微博不仅仅只是一个企业的宣传页面，在和粉丝与消费者产生互动的过程中，等于是在无形中打造了一个微社区。微博的社会化与互动性决定了它在一定程度上取代 SNS 的社区功能，因此，可以通过日常的网友咨询互动、有趣的微博内容、微博群的建立及丰富多彩的线下活动，营造良好的营销氛围，培养铁杆粉丝团。

尤其是在和粉丝互动的过程中，一些恰当的小活动就能够实现一传十、十传百的强大口碑广告的效应，微博活动就可以有效避免“盲目优惠”的情况出现。以最火热的新浪微博平台为例，它具有相对完善的活动机制，可以支持上百种不同方式的抽奖（比较常见的有“有奖转发”“随手拍”“大转盘”等）。在活动之余，又可以有效传播企业文化，深化口碑塑造。同传统媒体动辄上百万的广告宣传费用相比，这样的由粉丝自发组织起来的转发活动几乎免费进行，可以算得上是一件一本万利的事情。

企业微博类社会化媒体平台是一家企业的门脸。微博的便捷发布机制就可以把公司的动态展示于公众，提升品牌高度，并使用适当的链接关联，创造及时的销售渠道。每一条微博，展示的不仅仅是公司的商品，更是公司理念、内涵、人本思想的传播。

由于微博的便利性和实效性，它是一个可以随时都制造话题效应的载体。微博具有四亿用户，影响力不用质疑，不少的网络爆红事件均在微博中发生，杜蕾斯策划的“北京大雨套安全套防水”事件、火爆的“秋裤体”等，这都帮助其产品带来巨大的网络反响。这是任何传统媒体都无法带来的新体验。

在传统营销活动中，企业总是要受制于计划周期，一旦中途产生无法避免的变故，整个营销计划可能都会因此而搁浅。

在计划周期内如果发生其他更具有重要意义的事件，也很难调整整个计划的方向，这也就更显出微博营销的灵活性了。

微博是很好的流量导入方式，假如你的微博附带上天猫店铺的地址，消费者看完你的言论立刻就可以进店铺购买，营销过程将大大缩短。

（2）如何做好微博营销

要想打理好企业版微博，企业可以从以下方面入手：

① 微博品牌定位：微博现状问题诊断、微博定位方案制定、微博品牌高度提升、微博营销策略分析。

② 微博内容托管：通用话题和企业资讯，实用类、情感类、新鲜类、娱乐类、消遣类、影音类内容。

③ 微博活动策划：活动文案策划、活动图片设计、活动跟踪推进、活动结束、活动总结报告。

④ 微博 CRM 管理：微博客户归类、客情日常维护、客户口碑引导、客户投诉解答、客户沟通互动。

⑤ 微博应用开发：微测试、微盘、微游戏、微转播、微群、微视频。

⑥ 微博矩阵传播：企业微博——品牌产品微博、客户服务微博；个人微博——领导微博、员工微博。

⑦ 微博舆情监控：企业话题关注、竞争对手关注、舆论口碑引导、微博危机公关。

微博具有改变世界的能量，但先要让微博改善企业自身，进而影响到数以万计的粉丝群，以微小的140个字的力量去影响整个年轻人形成的网民群体，赢得用千万元广告费用也难买来的好口碑。

### 2. 微信营销

如果说微博是社会化媒体时代的代表作品，微信则是将社会化媒体提升为营销的升级版本，也许在不久的未来，还会不断诞生出其他更具活力的工具来更新升级。

#### （1）微信营销的优势

当既能“精准”，又能“互动”的微信出现后，营销思维似乎被人为地改变了。微信的个人账号就有较强的个人属性，其好友和粉丝被赋予较强的“关系”符号。新推出的微信公共平台在这个基础上，对用户进行了更为细致和严格的管理。虽然目前开放平台更多地体现在APP的开发和运营上，但是基于微信用户信息的点对点推广已经成为开放平台的必然选择。企业公众号在微信上拥有更多的信息传播方式，而且微信逐步开放公众号的各种接口功能，如商城、分销、支付等诸多现代营销的人性化功能。相比微博和企业的官方网站，微信的互动性显然更好。对于用户来说，信息的一对一推送，有专属管家的感觉。信息的100%送达，更像是一对一的信息派发。微信这种更为及时有效的信息传播途径，让信息及时抵达用户，为用户作决策提供最为有效的依据；同时，结合了地理位置和用户喜好的信息传递方式，能够更好地为用户提供便利，提升用户体验。而这一切服务，都是以用户为中心的。

微信以一对一的信息传递开始，以用户的购买为桥梁，以用户的转介绍为目标，以提升用户的体验为宗旨。这个传递的过程构成了微信营销的价值链条。从传播信息到针对性的推荐，再到提升用户的价值体验，微信的价值毋庸置疑。

（2）天猫店铺的微信营销

无论是发布网页、文章、图片还是视频，都可以附带上你的微信或者微博二维码，或者你的天猫店铺二维码，消费者利用手机扫码立刻就可以轻松进入你的天猫店铺。大量的对外传播都聚焦到微信上来，这样任何人通过扫码即可与企业或商家直接对话。

天猫商家完全可以在任何传播通道中引导消费者扫描二维码直接进入天猫店铺购买。现在是微信的公众平台和公众账号二维码普及的时代，能让每家企业以拟人化的形式通过手机客户端与粉丝互动，群发信息、图片甚至语音等进行全方位的沟通。在这方面旅游企业的营销可谓走在了前面，旅游企业通过植入微信营销的方式，加强了消费者的感知体验。国内的一些酒店、航空公司、在线旅游网站、国内景区及旅行社等也都纷纷开始利用微信独有的特性，进行本地营销推广，用微信提供移动式实时客服平台，开展预订、景点门票打折等各种服务。

从微信客户端官方账号搜寻功能可以发现，在线旅游网站包括同程网、艺龙网都已经在微信开通了平台，同程网的官方公众账号除了可以预订之外，还开通了全国景点团购的公众账号，提供 8000 家景点的团购；廉价航空的代表亚洲航空的微信则以发送促销信息为主，提前告知用户促销信息，每周大概发送 2 ～ 3 次；上海旅游局也推出了名为“上海会奖旅游”的微信，定期发布上海旅游市场动态及热点旅游信息，开展一系列线上和线下活动。

平价连锁酒店布丁酒店在微信上取得了不错的营销成果，这主要是由于微信通过“附近的人”功能推荐用户所处地理位置附近的酒店，并将用户引导到布丁酒店的公众账号申请会员卡或进行预订等服务，很好地显现了微信营销的价值。使用者关注酒店的同时，不仅仅是获得了一张会员卡，实际上更是收藏了酒店的订房方式，只要使用者有订房需求，可直接打开布丁酒店微信账号进行订房操作，为用户提供了极大便利。

当然，使用微信的不仅仅只有旅游企业，现在越来越多的企业开始尝试使用微信来进行推广和营销。微信的 LBS 功能和即时通信功能，将微信营销的价值完全释放出来。

车托帮是北京一家致力于开发智能交通技术的高科技公司。用户要想了解路况，只需要关注“车托帮”的微信公众号，发送道路名，“微信路况”就可以通过图文方式将周围的路况信息反馈给用户。同样，如果用户想查询某条道路的交通情况，直接输入道路名称也可以获得该道路的路况信息。目前该公司产品服务还比较简单，仅实现了“在哪儿”的问题，下一步计划实现“去哪儿”或者“怎么去”的问题，为用户提供更便捷的路况信息及路线规划。此外，公司还计划提供基于地理位置的社交功能。车托帮提供的信息，有针对性地满足了用户了解路况信息的需求。

还有一家公司名叫外卖网络，用户在微信中添加其公众号并发送当前位置后，外卖网络会给用户发送周边一公里的外卖单，每次显示 15 家左右的商家信息，包括商家编号、名称、距离。这个时候，只要回复商家编号，它就会自动发回商家的联系电话和所有菜品信息。目前外卖网络能够为用户提供 1 万多家从小饭馆到高级餐厅的商家信息，目前已开通的地区有北京、上海、广州、深圳、南京、无锡等。他们的创始团队原本就从事过多年外卖工作。现在，他们同时在经营一家专门的外卖信息查询网站“外卖网”。外卖网络是基于LBS的即时信息服务，通过对用户的地理位置进行定位，为用户提供对应的信息服务。

（3）微信营销的发展趋势

最初微信的推出，仅限于方便个人与个人之间的联系，而现在，手机用户使用微信不再局限于朋友之间的交流对话，还可以查找其他更多的专业信息账号，关注更多有价值的微信公众平台。精通于营销的用户，在微信的使用中发现了无限的商机。微信不同于微博，商家和使用者之间的对话是私密性的，不需要公之于众，亲密度更高，可以将满足消费者需求的个性化内容推送到各个关注者手中，使用者也可以一对一地与其互动。微信公众平台信息的到达率可说是100%，可以实现包括用户分组、地域控制在内的精准消息推送。反观2012年热议的微博营销，其广告信息很容易被淹没在微博的滚动动态中，除非商家刷屏发广告或者消费者刷屏看微博，否则无法保证消费者可以实时看到信息。

微信产品推出至今，其营销的潜力和价值正在被越来越多的企业与微信研究者挖掘出来。依附于智能手机和移动互联网特性的微信，在社交与 O2O 方面都展现出了极大的前景，甚至可以说重新演绎了 QQ 占领 PC 用户市场的辉煌。公共平台的开放为企业微信营销提供了一个基础平台，而开放平台则为企业实现微信营销的价值提升搭建了一个更为坚实的基础。

智能手机作为移动互联网的载体，变得越来越普及，这些年伴随着智能手机“性价比”的进一步提升，智能手机已经成为普通人的一般消费品。当然，智能手机带动的不仅仅是微信的发展，它带动的将是一个产业的变革。以微信为代表的移动社交网络正在迅速崛起，一个以社交媒体为核心的社交网络正在迅速形成，一场基于微信营销为核心的营销革命即将到来。

（4）如何做好微信营销

移动互联网时代，商家应该立刻开始行动，展开微信系列营销之旅。

企业想要进行微信营销，可以从以下几个方面着手：

① 微信平台建设：微信搭建、基础会员发展、对手同行观察、平台内容储备、平台差异化思考，对接到天猫或者其他平台。

② 微信平台内容定位：品牌定位、品牌风格模拟、对手差异化研究、素材储备、人员培训，对接到天猫或其他服务平台。

③ 微信平台营销活动规划：活动文案策划、活动图片设计、活动跟踪推进、活动总结报告，这一切可以与天猫店铺直接链接。

④ 天猫的促销活动落地推广：地面渠道推广结合、产品促

销结合、客服销售引导、品牌广告传播，鼓励加微信动作，天猫店铺与微信平台形成互动。

⑤ 微信运营维护优化：微信测试、微信内容发布、微信内容优化、微信鼓励转播、微信粉丝统计、微信阶段性优化改进计划，适时与天猫店铺进行节奏化调整。

⑥ 营销转化测试：基于天猫店铺的微信销售预告、微信新品测试、微信调研问卷、微信优惠限时告知、微信粉丝公布抽奖等。

微信二维码的应用为天猫店铺提供了更为广阔的销售空间。微信会员二维码 CRM 关系如图 2-13 所示。

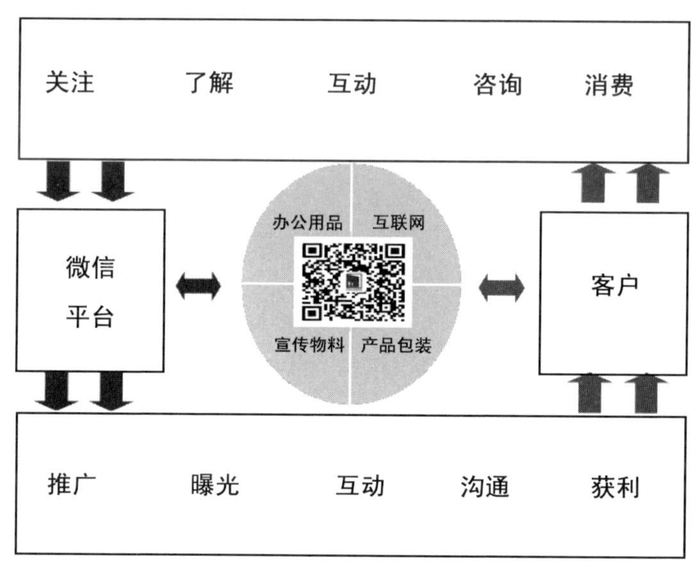


图 2-13　微信会员二维码 CRM 关系图

二维码在实际应用中需要注意的问题也很多：二维码的位置不要距离视线上方过高或者过低；二维码的载体材质会影响二维码的清晰度；过大过小或者像素过低的二维码图会影响扫码；两个或者两个以上二维码放置的距离不能太近，否则容易混淆；地铁或者车站等户外大屏幕上的滚动广告中二维码出现的时间不宜太短，否则会影响扫码。

## 天猫店铺的跨媒体营销传播

营销的本质是传播，移动互联网时代，年轻的消费者在信息面前自己就能分辨，任何信息相对之前更透明，所以说现代社会已经不再需要和欢迎狂轰滥炸式的广告营销方式了。

媒体的过度繁荣、信息的爆炸性突破及消费者观念的逐渐成熟，导致广告不再像十年前那样“一针见效”，很多企业花了大量广告费用而效果甚微。然而，营销传播对于企业销售而言，对于产品品牌建设而言，又是举足轻重的。如图 2-14 所示，传播维度的 R 和 S 都存在巨大的压力。

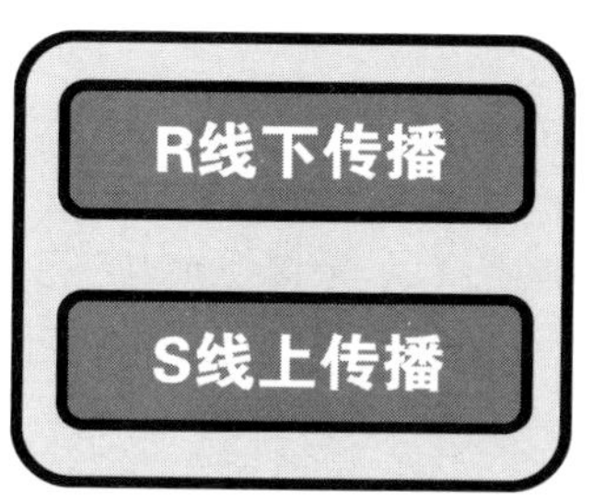


图 2-14　品牌价值体系模型——传播维度

移动互联网时代，传播推广的创意显得至关重要。

移动互联网时代，传播推广的创意显得至关重要。

在这遍地广告、满眼信息的时代，很显然，营销传播要讲究策略了，作为市场营销人员，要做的就是以最小的费用实现最大的传播效果。

移动互联网时代，需要多媒体联动，跨媒体作业。互联网时代的传播特征为跨媒体传播模式。跨媒体营销传播模式是营销业绩化思考的传播，是硬广告结合软性内容来传播的。可以通过微博等社会化透明沟通传播，也可以通过天猫的店铺直接销售、体验来进行传播，还可以通过出版内容营销、电视节目电影内容植入营销、数字化的网络联盟平台付费营销、搜索营销工具、多个媒体形态的组合、跨媒体创意叠加传播，具备自动渗透特征、更低成本特征、更适合消费者参与互动的特征，渗透式地传播到目标群体中，并立刻产生销售影响。跨媒体传播既是中国营销传播方法的提升，也是品牌制胜的关键资源。

**传播质量 × 传播载体＝传播认知**

如公式所示，整个传播就是传播创意的质量与传播载体的乘法关系，最后得出我们的品牌价值的认知综合，即为本章节开始的图 2–1 所表达的整个品牌价值系统。

如果图 2–1 为整个品牌价值体系的平面计算因素，上面的公式则是整个品牌打造体系立体的表达。如果说图 2–1 的因素是横向的，这个公式则是纵向的。

跨媒体营销传播的产生，源于消费者越来越多地作为一种“个体”存在的趋势，因为移动互联网时代大众传播和分众传播已经不足以深入触及并吸引消费者，与他们进行沟通。跨媒体营销传播的目的是将企业的产品、品牌、代表性的视觉符号甚至服务内容通过各种无孔不入的“触点”和“通道”传递给目标消费者，将消费者的生活环境与营销传播环境进行无缝连接，润物细无声地让消费者接收信息。

### 1. 在创意上结合热点事件

这个社会媒体太多，信息太多，获取信息的途径也太多，人们的注意力往往很容易被各种媒体、信息分散。但是，也会不时出现一个热门话题、热门人物或热门事件把人们的眼球紧紧地吸引住，而我们就可以结合这些社会热点，借力使力进行传播。如世界杯的时候，天猫店铺打出“超级球迷，着急看球，全场一折，卖完回家看球”的促销创意。

### 2. 植入内容性采访传播

广告信息太多，人们对广告也愈加反感，看电视时广告时间成为换台时间，看报纸遇到广告版面也很快就翻过一页，网络视频广告还未播放就被迅速关闭……有企业家曾经说过：“我知道我的广告费浪费了一半，但我不知道浪费了哪一半。”

如今，硬广效果越来越差，而另一种广告——植入广告因为其本身的优势越来越被企业关注，成为营销传播的热点。

植入传播是指将产品、品牌，以及代表性的视觉符号甚至服务内容策略性地融入电影、电视剧、电视节目、网络游戏等各种内容之中，通过场景再现，让观众在不知不觉中留下对产品及品牌的印象，继而达到营销产品的目的。如电影《非诚勿扰》让杭州西溪湿地游客大增,成为旅游热门景点。《十月围城》《空姐日记》等多部影视中的植入广告，让一些服装、汽车、餐饮用品等品牌得到进一步的提升。

企业也可以通过接受采访，把采访内容贴在传播元素中或者网络展示页面上，增加信任度。

在天猫店铺的操作中，如果把采访、新闻等可信度元素放在天猫店铺最显眼的位置，成交率就会快速提高，毕竟人们关注的是这个产品为什么值得信任并购买。

### 3. 联合传播

联合传播是指两个以上的企业或品牌拥有不同的关键资源，为了共同的利益，进行传播战略合作。联合传播不仅能让传播效果更为显著，而且能从一定程度上减少营销推广费用。电影院只要用户有信用卡即可半价，超市买酒送辣酱，在 A 卖家店面领取 B 卖家优惠券等都属于联合模式。

### 4. 领袖创始人传播

如今年轻人的消费行为和消费习惯已经很难用一个形容词来概括，他们更多倾向于多元化。如果按照价值观来区分，年轻消费者已经形成了无数个小群体，每个群体都有独特的特点和爱好，每个群体都有属于自己的精神领袖，精神领袖的一举一动成为他们跟踪和模仿的对象，因此我们完全可以利用领袖的影响力对该群体进行营销传播。微博、微信就是利用社会化网络进行深度领袖号召的营销途径。在传播元素中，重点诉求创始人其实相当于企业代言人，如聚美优品的创始人陈欧，同时也是企业的代言人。地面品牌和网络品牌都可以利用创始人故事作为诉求。

### 5. 书籍内容传播

目前全国各地电视媒体、广播媒体、报纸期刊等平面媒体、互联网媒体数量繁多，消费者选择成为难题。除此之外，还有上万种未知的企业媒体、企业内刊、户外媒体及铺天盖地的网络广告信息，人们俨然已经生活在广告之中。在一线城市广州生活的人们一天接触到的广告达到500多个，媒体的多样性和目标人群的分流，迫使企业需要花费更多的钱来实现自己的媒介目标，这导致营销成本逐渐增加。

为了使营销传播效果实现最佳性价比，企业可以采用软传播这种模式，如发行书籍、发表新闻稿等。放眼看一下国内的知名大企业，很多都在利用书籍来实现自我品牌价值提升的。例如前几年蒙牛的《蒙牛内幕》、联想的《联想风云》、华为的《走进华为》，最近几年我为客户操作的《尚品宅配凭什么》等企业书籍都是借力书籍内容来进行传播的案例。

### 6. 微电影病毒传播

企业故事和员工场景也是一种低成本高效率的营销传播手段，是目前绝大多数企业最为盼望的一种传播方式。一个有效的病毒式传播战略包括：有价值的产品或服务、让人传递信息的简单方式和具有调动公众积极性的刺激因素三个方面。病毒式传播从某个方面来说就是自我传播的一种手段，其中最为有名的病毒式传播，还当属苹果的广告，它只在电视上播放过一次，但因为其广告创意的完美，在网络上传播的次数多达600多万次。国内著名导演张艺谋也曾经模仿这种广告拍摄手段和播放模式，拍摄了《威驰天下》的汽车微广告，进行了低成本的简单制作。

天猫店铺完全可以多植入一些电影或者拍摄的片段，放在店铺首页或线下门店体验流程中，达到深化品牌个性、形成品牌粉丝的效果。

# 第 3 章

# 筹划调研：不打无准备之仗

# 开店必备：天猫店的准入门槛

## 天猫审批核心规则

天猫目前没有任何代理机构，均通过天猫官方网站直接申请审批。细则如下：

（1）天猫暂未授权任何机构进行代理招商服务，入驻申请流程及相关的收费说明均以官方招商页面为准。

（2）天猫有权根据包括但不仅限于品牌需求、公司经营状况、服务水平等其他因素退回客户申请；同时天猫有权在申请入驻及后续经营阶段要求客户提供其他资质；天猫将结合各行业发展动态、国家相关规定及消费者购买需求，不定期更新招商标准。

（3）请务必确保您申请入驻及后续经营阶段提供的相关资质的真实性（若您提供的相关资质为第三方提供，如商标注册证、授权书等，请务必先行核实文件的真实有效性），一旦发现虚假资质，您的公司将被列入非诚信客户名单，天猫将不再与您进行合作。

（4）天猫暂不接受个体工商户的入驻申请，也不接受非中国大陆企业的入驻申请。

（5）天猫暂不接受未取得国家商标总局颁发的商标注册证或商标受理通知书的品牌开店申请（部分类目进口商品除外），也不接受纯图形类商标的入驻申请。

## 天猫目前三大类店铺类型

天猫店铺分为三种：

旗舰店、专卖店、专营店。

### 1. 旗舰店

旗舰店，商家以自有品牌（商标为 R 或 TM 状态）入驻天猫开设的店铺。

旗舰店，可以有以下几种类型：

经营一个自有品牌商品的品牌旗舰店；

经营多个自有品牌商品且各品牌归同一实际控制人的品牌旗舰店；

卖场型品牌（服务类商标）所有者开设的品牌旗舰店；

其中后两种类型旗舰店仅限天猫主动邀请入驻的商家。

开店主体必须是品牌（商标）权利人或持有权利人出具的开设天猫旗舰店独占性授权文件的企业。

### 2. 专卖店

专卖店，商家持他人品牌（商标为R或TM状态）授权文件在天猫开设的店铺。

专卖店有以下几种情形：

经营一个授权销售品牌商品的专卖店；

经营多个授权销售品牌的商品且各品牌归同一实际控制人的专卖店；

其中第二点所述类型的专卖店仅限天猫主动邀请入驻。

品牌（商标）权利人出具的授权文件除个别类目不得有地域限制，且授权有效期不得早于当年的12月31日。

### 3. 专营店

专营店，经营天猫同一经营大类下两个及以上他人或自有品牌（商标为R或TM状态）商品的店铺。

专营店有以下几种类型：

经营两个及以上他人品牌商品的专营店；

既经营他人品牌商品又经营自有品牌商品的专营店；

经营两个及以上自有品牌商品的专营店。

一个招商大类下专营店只能申请一家。

## 天猫能卖什么产品

天猫目前经营的产品可分为20多个大类，百余种一级类目。具体内容会随着市场更新。

天猫经营大类有：服饰、鞋类箱包、运动户外、珠宝配饰、化妆品（含美容工具）、家装/家具/家纺、图书音像、乐器、服务大类、汽车及配件、电子票务凭证、居家日用、母婴、食品、保健品及医药、3C、家用电器、话费通信、旅游、网游及QQ等。具体类目请参考天猫官方网站。

## 开设天猫店要多少“银子”

### 1. 保证金

保证金是要冻结在支付宝账户里的，主要用于保证商家按照天猫的规范进行经营，并且在商家有违规行为时，根据《天猫服务协议》及相关规则规定，用于向天猫及消费者支付违约金。

天猫对于保证金的收取主要包含品牌旗舰店、专卖店、专营店及特殊类目。根据店铺性质及商标状态的不同，保证金的金额分为5万元、10万元、15万元三个不同档次。

品牌旗舰店、专卖店等店铺中，带有TM商标的保证金为10万元，全部为R商标的为5万元。

专营店店铺，带有TM商标的15万元，全部为R商标的10万元。

特殊类目比较琐碎，需要读者一条条比对。其主要包括：

卖场型旗舰店，保证金为15万元；

经营未在中国大陆申请注册商标的特殊商品（如水果、进口商品等）的专营店，保证金为15万元；

天猫经营大类“图书音像”，保证金收取方式：旗舰店、专卖店5万元，专营店10万元；

天猫经营大类“服务大类”及“电子票务凭证”，保证金1万元；

“网游及QQ”“话费通信”及“旅游”经营大类的保证金为1万元；

天猫经营大类“医药、医疗服务”，保证金30万元；

天猫经营大类“汽车及配件”下的一级类目“新车/二手车”，保证金10万元。

天猫经营大类包含的一级类目详细请参考《天猫经营大类一览表》。

当商家的支付宝中保证金不足额时，商家需要在15日内补足余额，逾期未补足的天猫将对商家店铺进行监管，直至补足。

## 2. 技术服务费年费

商家在天猫经营必须交纳技术服务费年费，简称年费。年费金额以一级类目为参照，分为3万元或6万元两档。年费在开店前和保证金一起交，年费一次性扣除。如果年底销售额达到一定标准，年费会返还；达不到，则不返还年费。

各一级类目对应的年费标准详见《天猫2016年度各类目技术服务费年费一览表》。

## 3. 实时划扣技术服务费

商家在天猫经营需要按照其销售额（不包含运费）的一定百分比（简称“费率”）交纳技术服务费。天猫各类目技术服务费费率标准详见《天猫2016年度各类目技术服务费年费一览表》。

# 侦察敌情：如何做好天猫上线前的调研

天猫的经营者在启动天猫前需要对地面市场、网络市场及需要运作的电商平台进行有针对性的市场调研，目的在于找出市场规律和看清市场格局。

简易调研对象一般分为典型消费者客户群、行业专家人群专业见解和二手调研分析三类。稍微全面的市场调研可以聘请专业策划咨询公司单独立项进行。目前，电商平台数据资源比较丰富，可以通过搜索数据和淘宝指数找到一些规律，为自己的产品在行业的定位和定价做参考。

## 上线前市场调研的简单分析

要在天猫上进行市场开拓，首要面对的人群为互联网人群。进行市场调研时最常用的是“淘宝指数”（http://shu.taobao.com/）和“百度指数”（http://index.baidu.com/）。

**淘宝指数：**是中国消费者数据研究平台。无论是淘宝上的卖家还是媒体从业者、市场研究人员，都可以利用淘宝指数来了解淘宝搜索热点、定位消费人群、研究细分市场。

**百度指数：**是以百度海量网民行为数据为基础的数据分享平台。在这里，你可以研究关键词搜索趋势、洞察网民兴趣和需求、监测舆情动向、定位受众特征；还可以从行业的角度，分析市场特点。

天猫产品上线前的市场调研可以从搜索趋势、搜索地域、搜索人群、买家等级、消费人群和相关关键词需求等几个方面进行，搜索相关数据并进行分析。

我们将基于淘宝指数和百度指数以整个羊肉市场为例进行简单分析。下面分别在淘宝指数、百度指数上对“羊肉”这个关键词进行搜索和数据分析（如图 3-1、3-2 所示）。

（特别说明：本案例是笔者为苏尼特羊肉品牌进行的实际操作案例，由于涉及客户行业机密，数据采样截至2014年年底。）

## 1. 搜索趋势分析

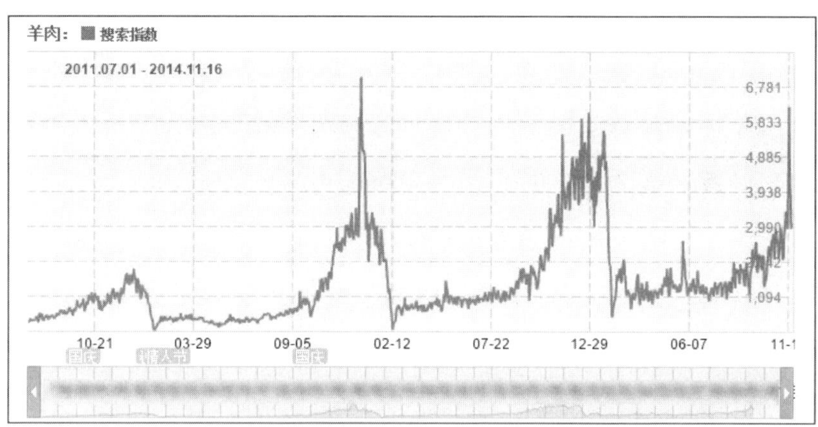


图 3-1 淘宝指数——羊肉（整体搜索）

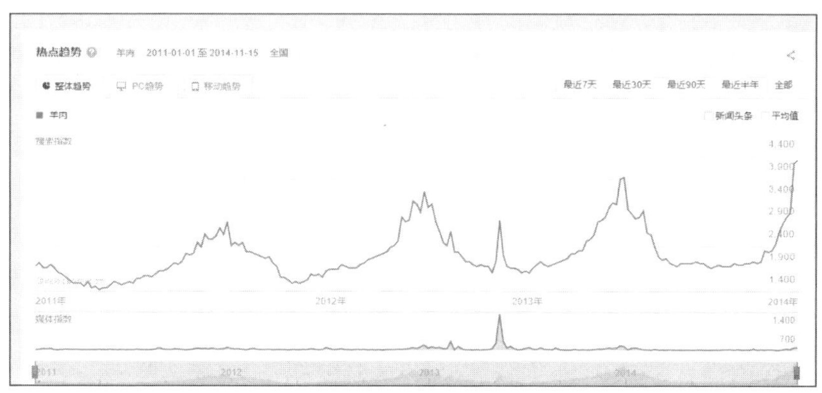


图 3-2 百度指数——羊肉（整体搜索）

① 搜索趋势曲线分别出现了三个完整的搜索高峰分布，两个指数的高峰分布的时间周期分别为每年 9 月到第二年的 2 月。在搜索高峰的搜索时间周期内可定义为羊肉销售的旺季，其他搜索趋势平稳的搜索时间周期内为羊肉销售的淡季。所以羊肉的销售旺季为每年的 9 月到第二年的 2 月，即寒冷时节。

② 淘宝指数三个搜索高峰趋势的环比增长约为 50%，而百度指数三个搜索高峰环比增长基本为 0。淘宝指数的搜索趋势可以说明的是消费者购买意图趋势，也就是说消费者在天猫平台的购买意图呈成倍增长趋势。而百度指数说明的是网民的对羊肉的了解需求趋势，这部分人群基本处于 0 增长。

## 2. 搜索地域分析

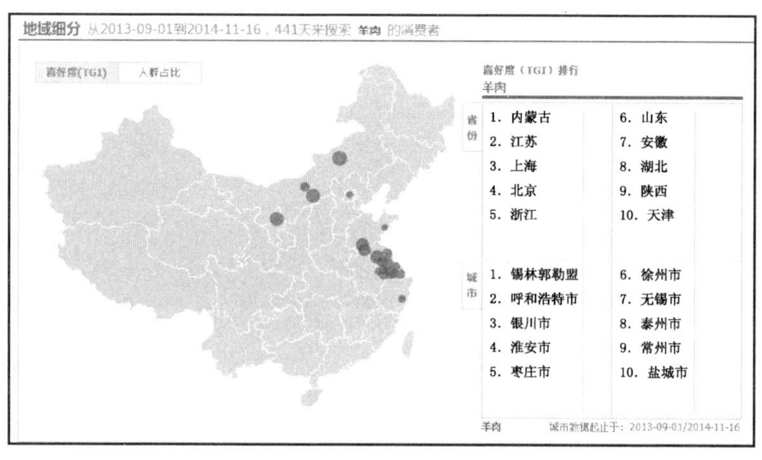


图 3-3　淘宝指数——羊肉（地域细分）

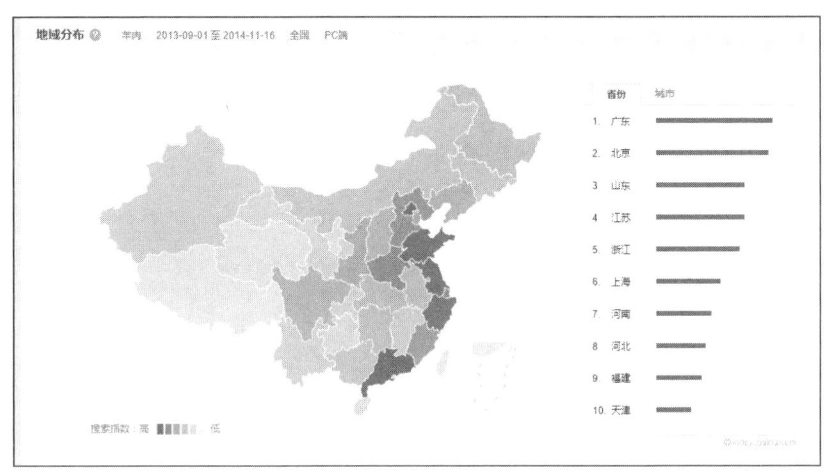


图 3-4 百度指数——羊肉（省份分布）

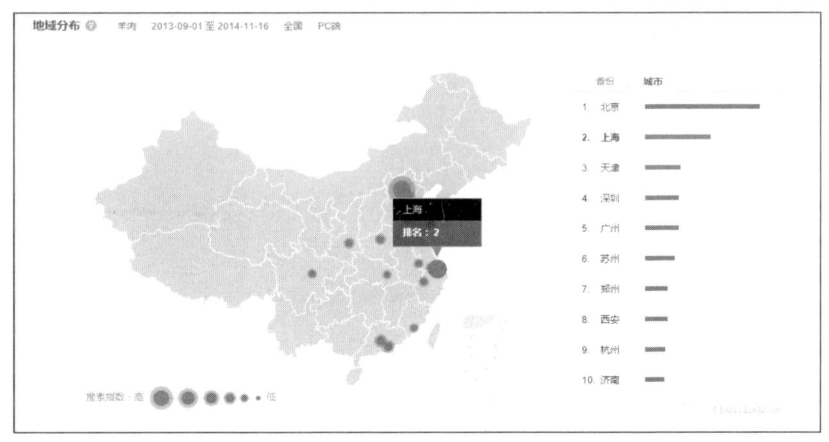


图 3-5 百度指数——羊肉（城市分布）

① 从“羊肉”关键词的省份搜索排名前十名分布上（如图 3-3 和图 3-4 所示）可以看出：百度和淘宝指数的搜索区域

相同点是搜索人群基本分布在华东、华南的沿海地区；不同点是淘宝指数上内蒙古的搜索排名第一位，百度指数内蒙古搜索量很低，根本没有进入前十名。

② 从“羊肉”关键词的城市搜索排名前十名上（如图 3-3 和 3-5 所示）可以看出，淘宝指数和百度指数的城市搜索基本分布在华东、华北的沿海地区。不同点是淘宝指数图中锡林郭勒盟、呼和浩特、银川三个城市的搜索量位于前三名，皆为华北区域且靠近或属于内蒙古；而百度指数的城市搜索量前三名分别是北京、上海、天津，其分布要比淘宝指数更分散，在成都、郑州、西安等内陆地区都有很高的搜索量。

营销策略：

淘宝指数是具有购买意图的一部分消费者的搜索数据表现，百度指数主要侧重于搜索者对羊肉的做法和功效等的了解，其购买意图次于淘宝指数。

从以上数据和说明可知，华南、华东的沿海地区百度和淘宝指数基本重合，通过简单的逻辑分析可知，对羊肉感兴趣的人群也到淘宝、天猫上进行消费。而从淘宝指数和百度指数区域搜索没有重合的地区可以看出，在内蒙古及其周边地区有一部分人在淘宝天猫上购买羊肉，而此地区人群在百度指数上搜索量很低，因为羊肉是他们的一种饮食文化。这部分的市场需求稳定，需要量也比较大，只需要对品牌进行宣传和强化，还可创新一些新吃法及新文化并进行传播。

还有像成都、郑州、西安等内陆地区，在百度指数上有很大的搜索量，而在淘宝指数上搜索量很低。在逻辑上可以理解为，这些地区的人们对羊肉有很大的需求量，但是只局限在线下渠道购买，而很少从线上购买。所以在这些地区要进行大量的广告投放和羊肉方面的知识普及。

### 3. 搜索人群分析

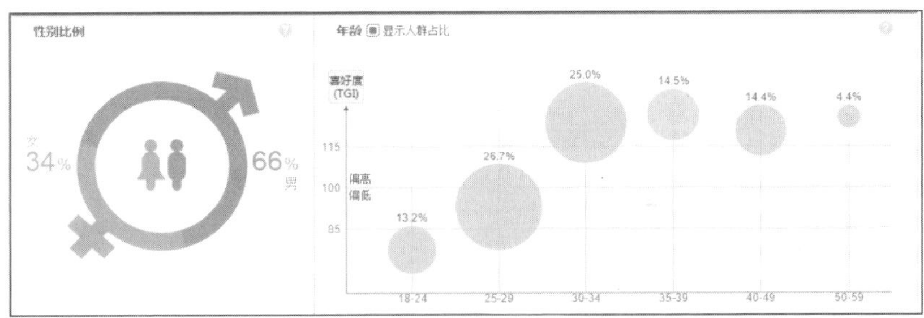


图3-6 淘宝指数——羊肉（人群属性）

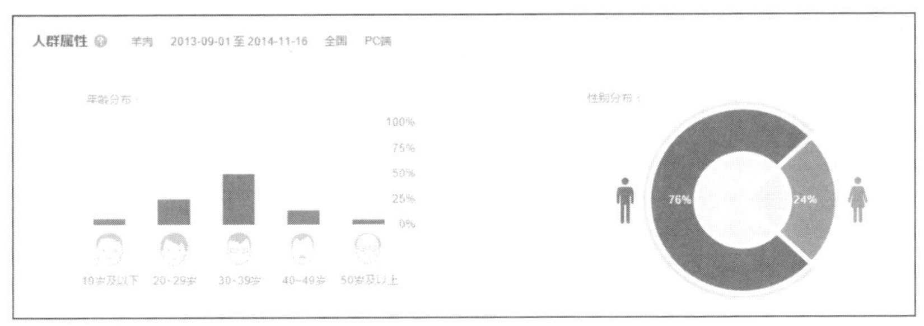


图3-7 百度指数——羊肉（人群属性）

① 通过淘宝指数可以得出，“羊肉”关键词的搜索人群中男性占 66%，女性占 34%（如图 3-6 所示）。

通过百度指数分析得出，“羊肉”关键词的搜索人群中男性占 76%，女性占 24%（如图 3-7 所示）。

两家指数基本吻合，说明羊肉市场以男性为主。

② 在年龄分布上两家指数皆以 25 ～ 39 岁的人群为主，基本为白领人群。

### 4. 买家等级及消费人群分析

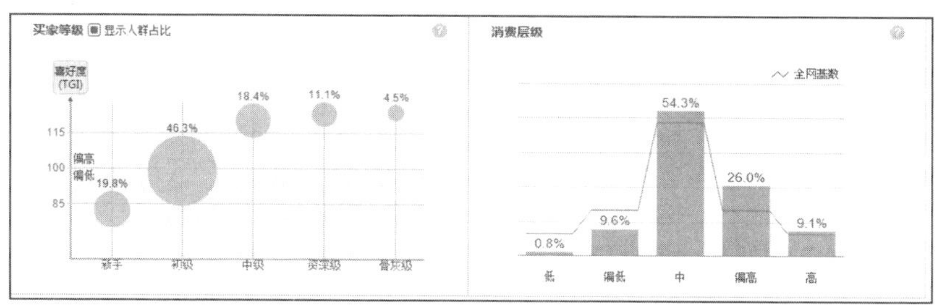


图 3-8　淘宝指数——羊肉（买家等级与消费层级）

**说明：**此数据是淘宝特有，故无百度数据对比。

① 买家等级初级的人群为 46.3%（如图 3-8 所示），占比最多，喜好度处于中等。中级以上的人群占比为 34%，其喜好度最高。

② 在羊肉消费群体的消费层级上主要偏向于中高端消费者。

营销策略：

在买家等级上初级人群较多，喜好度中等，对于这部分人群要进行适当方式的营销，想办法让这部分人群尝试本品牌的羊肉，可以通过淘宝试用，以及其他优惠活动来吸引他们。这部分人群最担心的就是信任问题，所以要通过店铺的产品、售后和服务保证来增加他们的信任度。

从消费层级上来看，在羊肉的消费群体中大部分都是中高端消费者，但这部分数据是基于淘宝现有羊肉的价格统计的。这也说明消费者在生鲜类产品上主要关注的还是品质，不是仅以低价为导向。但是在已有价格的格局下（包括线下羊肉价格），再以更高的价格进入市场会很难让消费者接受，所以其市场培育期会很长，成本也会很高，对产品、店铺设计、品牌传达尤其是服务的要求很高。

5. 羊肉及相关的关键词需求分析

① 从图3-9可以看出与羊肉相关的关键词按需求减弱的趋势排列有："做法""大全""清炖羊肉""孕妇""胡萝卜炖羊肉""一起""羊肉饺子""孜然羊肉""饺子馅""红焖羊肉""膻味""营养价值"等。

②"做法""清炖羊肉""大全"等关键词的需求非常高，这些关键词说明人们对羊肉的做法的需求度非常高，所以产品

中设计好羊肉做法的画册非常必要，还要突出画册中有特色的做法，可以有针对特殊人群的羊肉做法，比如适合儿童的做法、适合老人的做法等。

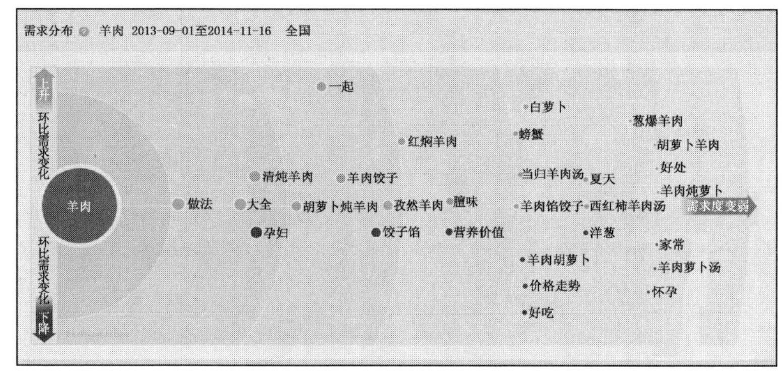


图 3-9 百度指数——羊肉

**说明：**此数据为百度指数特有，故无淘宝指数对比。

③“孕妇”“一起”“营养价值”的关键词搜索需求也比较高，这些关键词表达的是消费者对羊肉的适用人群、食物相克和其功效的了解需求。这部分需要的是羊肉的市场教育引导问题，在天猫店铺页面进行可选择性的引导介绍，主要通过客服来完成。

④“胡萝卜炖羊肉”“孜然羊肉”“白萝卜”等关键词也是消费者主要关注的，这些词表达的也是人们对做法的关注，但是我们可以通过这些做法来完善自己的服务，我们卖的不仅是羊肉，还有全套的羊肉配料和配菜，这需要产品部的人来研发。简单的做法，齐全的配料，以满足人们“懒”的天性。

## 天猫店市场的市场挤占情况分析

以苏尼特羊肉天猫店市场情况为例，详细数据收集还需要天猫旗舰店的后台订阅数据魔方、量子恒道等官方或第三方软件，并进行一段时间的运营后方可做出更详细的数据分析。

### 1. 类目分析

① 类目从属：水果蔬菜类——羊肉。

② 类目特性：生鲜类，小类目，月成交额 338 万元（包括刷单）。

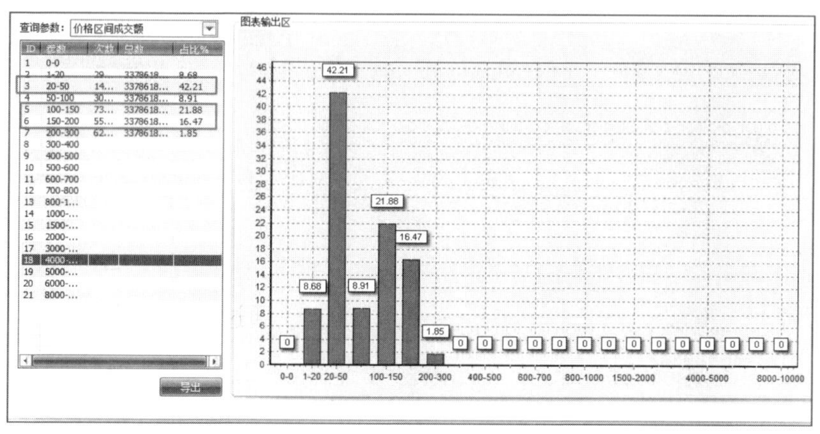


图 3-10　羊肉价格与成交图

如图3-10所示，价格占比前三名分别是：1～20元占8.68%，20～50元占42.21%，100～150元占21.88%。

1 ～ 20 元以 80 ～ 250 克羊肉为主（80 克为进口羊肉、250 克为普通羊肉），20 ～ 50 元以 500 克羊排肉为主，100 ～ 150 元以 1000 克羊腿肉为主。

从价格占比上也可以看出消费层级主要是中高端的消费群体，但在已有羊肉价格体系中，主要集中在中端消费层级。

③ 近期销量前三名如图 3-11 所示。

图 3-11　淘宝网页羊肉销量排名

④ 近一个月销售数量如图 3-12 所示。

价格在 1 ～ 100 元销售数量占比为 88.97%；价格在 100 ～ 200 元销售数量占比为 10.69%。

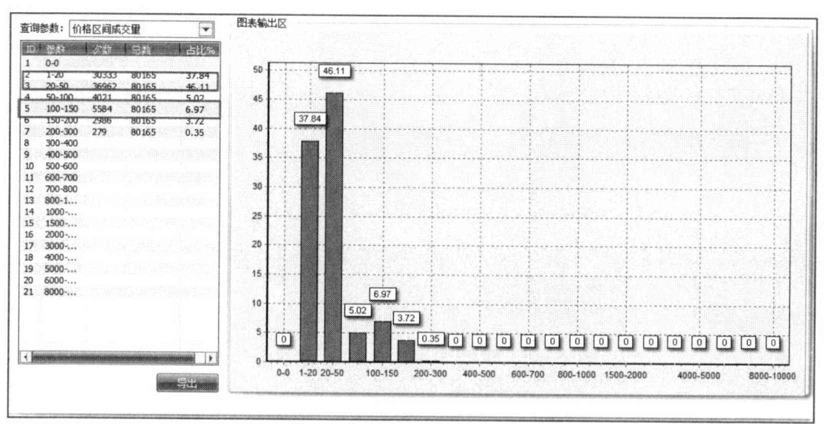


| ID | 参数 | 次数 | 总数 | 占比% |
|---|---|---|---|---|
| 1 | 0-0 | | | |
| 2 | 1-20 | 30333 | 80165 | 37.84 |
| 3 | 20-50 | 36962 | 80165 | 46.11 |
| 4 | 50-100 | 4021 | 80165 | 5.02 |
| 5 | 100-150 | 5584 | 80165 | 6.97 |
| 6 | 150-200 | 2986 | 80165 | 3.72 |
| 7 | 200-300 | 279 | 80165 | 0.35 |
| 8 | 300-400 | | | |
| 9 | 400-500 | | | |
| 10 | 500-600 | | | |
| 11 | 600-700 | | | |
| 12 | 700-800 | | | |
| 13 | 800-1... | | | |
| 14 | 1000-... | | | |
| 15 | 1500-... | | | |
| 16 | 2000-... | | | |
| 17 | 3000-... | | | |
| 18 | 4000-... | | | |
| 19 | 5000-... | | | |
| 20 | 6000-... | | | |
| 21 | 8000-... | | | |

图 3-12　羊肉销售数量图

⑤ 价格区间占比。

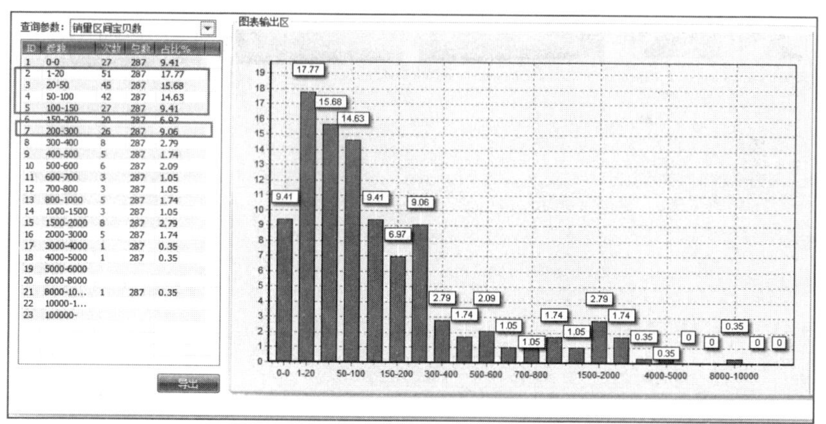


| ID | 参数 | 次数 | 总数 | 占比% |
|---|---|---|---|---|
| 1 | 0-0 | 27 | 287 | 9.41 |
| 2 | 1-20 | 51 | 287 | 17.77 |
| 3 | 20-50 | 45 | 287 | 15.68 |
| 4 | 50-100 | 42 | 287 | 14.63 |
| 5 | 100-150 | 27 | 287 | 9.41 |
| 6 | 150-200 | 20 | 287 | 6.97 |
| 7 | 200-300 | 26 | 287 | 9.06 |
| 8 | 300-400 | 8 | 287 | 2.79 |
| 9 | 400-500 | 5 | 287 | 1.74 |
| 10 | 500-600 | 6 | 287 | 2.09 |
| 11 | 600-700 | 3 | 287 | 1.05 |
| 12 | 700-800 | 3 | 287 | 1.05 |
| 13 | 800-1000 | 5 | 287 | 1.74 |
| 14 | 1000-1500 | 3 | 287 | 1.05 |
| 15 | 1500-2000 | 8 | 287 | 2.79 |
| 16 | 2000-3000 | 5 | 287 | 1.74 |
| 17 | 3000-4000 | 1 | 287 | 0.35 |
| 18 | 4000-5000 | 1 | 287 | 0.35 |
| 19 | 5000-6000 | | | |
| 20 | 6000-8000 | | | |
| 21 | 8000-10... | 1 | 287 | 0.35 |
| 22 | 10000-1... | | | |
| 23 | 100000- | | | |

图 3-13　羊肉价格区间比

如图 3-13 所示：价格在 1 ～ 150 元之间产品数量最多，占比为 57.49%；价格在 150 ～ 200 元之间产品数量最少，占比为 6.97%；价格在 200 ～ 300 元之间的产品数量居中，占比为 9.06%。

⑥ 淘宝店城市比例。

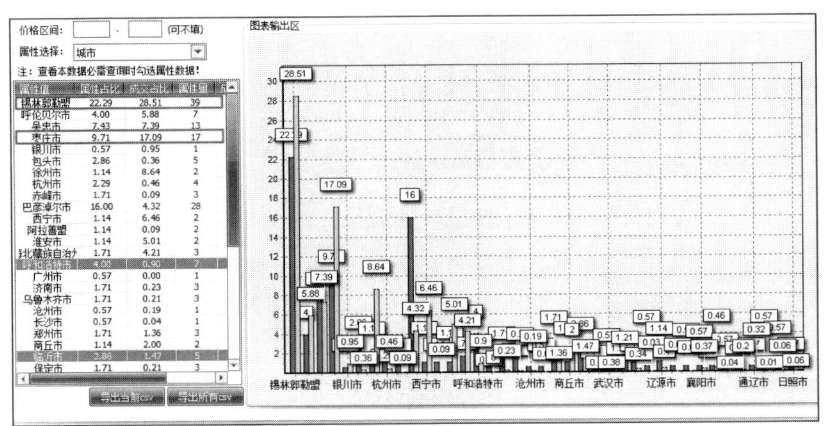


图 3-14　羊肉的城市购买比

营销策略：

在羊肉价格区间内，人们趋向于中高端价位的羊肉，这是一种消费心理的驱使，对于中高端价格羊肉相对信任。我们的羊肉会以更高的价格进入市场，但是现有市场价格已形成，已有价格信任体系，我们的羊肉价格相比过高。为了让消费者能接受我们羊肉的品牌价值，刚刚进入市场的我们要拥有比其他店铺更加完善和优质的服务，面对其他竞争对手时要考虑的就是如何建立产品与消费者的接触点。

## 2. 单品分析

① 产地情况。

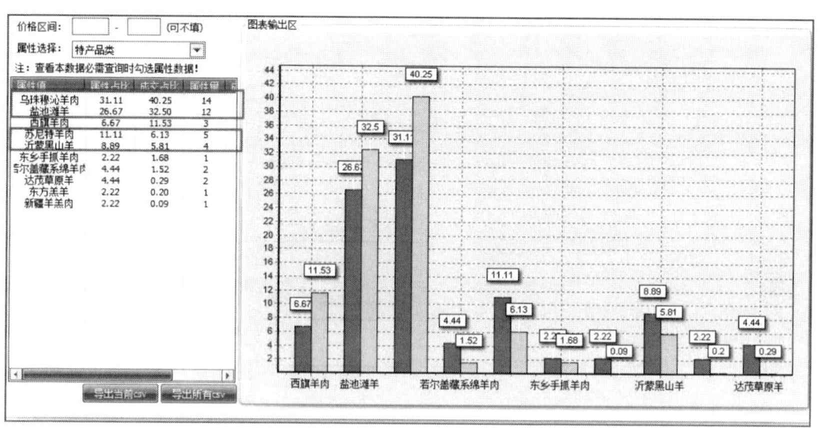


图 3-15 羊肉的原产地分布

② 有机食品比例。

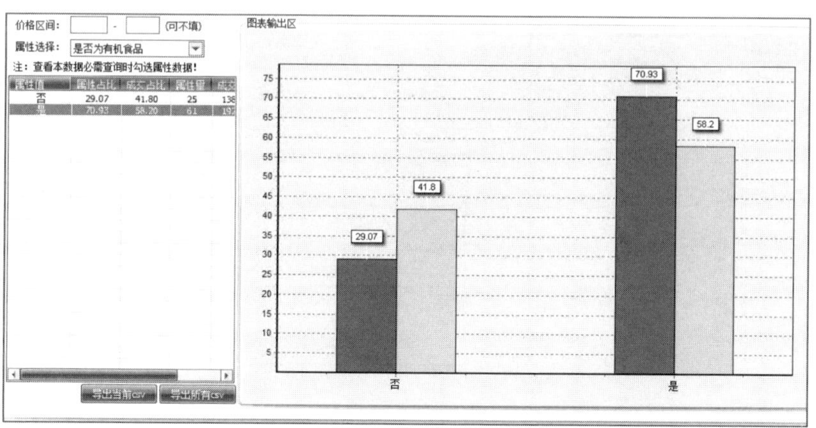


图 3-16 羊肉中有机食品比例

③ 套餐分量。

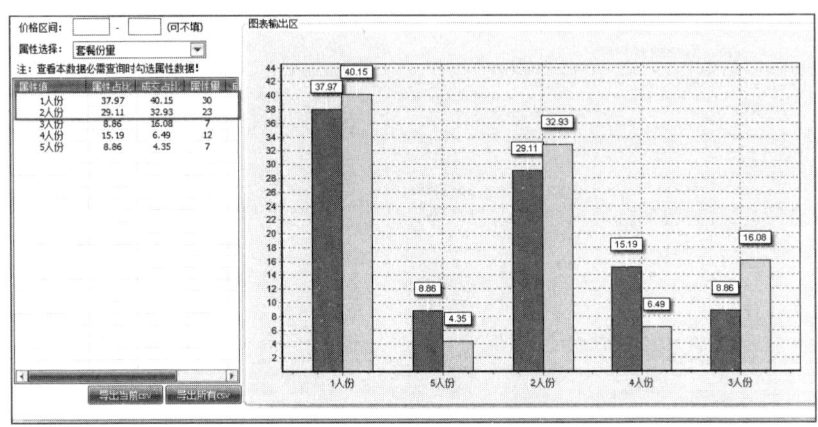


图 3-17　羊肉的套餐分量

④ 配送频次。

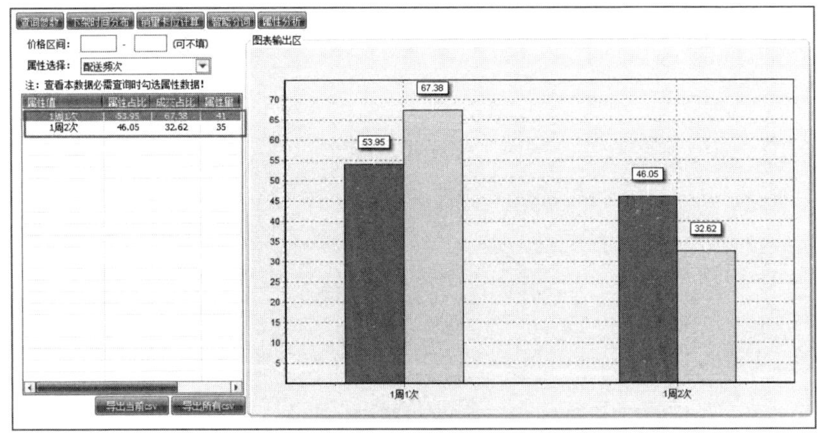


图 3-18　羊肉的配送频次

⑤ 同城配送。

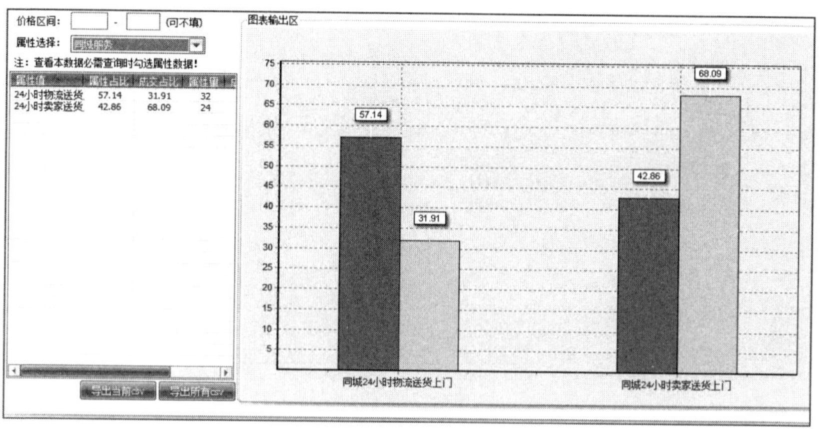


图 3-19　羊肉的同城配送频次

⑥ 保质期。

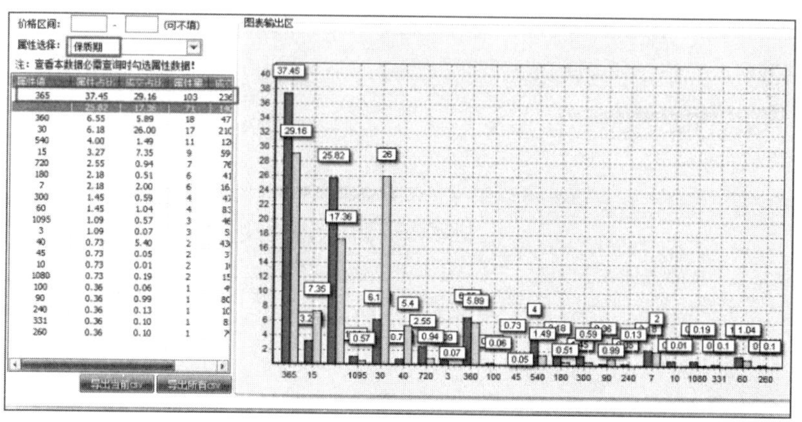


图 3-20　羊肉的保质期

淘宝平台的运营思路是选几款流量单品做爆款来引入流量，

可以称其为流量单品。流量单品不以盈利为目的，主要作用为引流，进而把流量单品引来的流量分流到盈利的单品中去，盈利的单品可以称为利润单品。

根据以上数据分析，流量单品最好是选择 1 ～ 20 元、100 ～ 200 克的 1 ～ 2 人份普通羊腿或者肋排肉作为体验款，配调料、做法和礼品。利润单品可选择 150 ～ 200 元高级整羊腿或者肋排肉作为主流款，配调料、做法和礼品。

**营销策略：**

流量单品是天猫运营的基本策略之一，根据现有市场选品，做流量爆款，再分流给利润单品。而我们的产品定价比现有市场的定价要高，是要打破现在的市场格局，整体包装羊肉销售。我们现在可以选择淘宝上销量最好的羊肉部分（羊腿）来做试验，在刚开始运营期间，把选定的产品主要关键词的自然搜索，运营到关键词搜索第一页前三名的位置。主要热词搜索位于搜索页第一页前三名，因其免费、流量最大、展现高、购买目的性强、消费者成交概率大等因素成为商家的必争之地，也是检验一个店铺、产品定位和服务的最佳方式。

### 3. 案例总结

第一，从以上数据分析可知，线上“羊肉”在 2011 年—2014 年搜索趋势环比增长约为 50%，线上羊肉市场在不断扩大。

第二，线上搜索人群主要集中在华东、华南沿海地区，一些内陆城市有大量的线上购买羊肉的需求。

第三，羊肉有其季节性，在每年的冬季（即寒冷时期）需求量最大，是其余时间段的 4 倍左右。

第四，购买人群主要为 25 ～ 39 岁的男性白领，淘宝中级以上的买家。其中需求最大的主要集中在淘宝初级买家群体。

第五，人们在购买羊肉的同时，还需要羊肉的做法、搭配、禁忌、营养价值等。

第六，淘宝羊肉市场没有完全成型，但现在已有相对完善的价格体系，主要为低端产品单一售卖。

入驻篇

# 细节决定成败

第 4 章

# 入驻流程：天猫店上线倒计时

## 好的开端是成功的一半：入驻天猫前的整体规划

假设你的产品充足，质量没问题，品牌规划也已经完成，如果你已经有地面的品牌规划系统，则可以围绕天猫去调整，这种策略叫作淘品牌模式打造；如果你没有清晰的地面品牌战略规划，则需要进行系统规划。但有的商家在进行系统的品牌战略规划前已经启动了天猫的项目，这就需要在运作过程中不断优化品牌系统价值。毕竟，有战略系统推进是先胜后战，没有战略规划的商家是运气式发展，如果没有被淘汰，那说明很幸运。

下面以天猫入驻的倒计时为参考时间，对每一步的操作要点进行讲解。

## 天猫的处罚体系

天猫新店铺申请和开展的前3个月运作是很关键的，天猫规则中的处罚体系非常严格，分为一般违规行为、严重违规行为和高压线,出现不同违规行为的处罚方式不同,如图4-1所示。

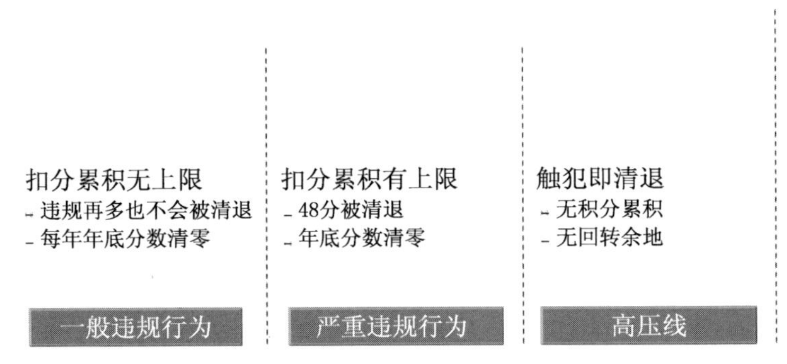


图4-1　天猫的处罚体系

### 1. 一般违规行为

天猫的一般违规行为包括滥发信息、信息与描述不符、虚假交易、延迟发货、违背承诺交易、不当注册、恶意骚扰、未依法公开或更新营业执照信息等。

对于一般违规行为的处罚是，扣分每累计达到12分，屏蔽店铺、限制发布商品并公示警告。

### 2. 严重违规行为

严重违规行为指触犯国家法律的一些违法犯罪行为。

严重违规行为：泄露他人信息，发布违禁信息，扰乱市场秩序，盗用他人账号，骗取他人财物等。

对于严重违规行为的处罚，根据天猫的扣分机制有明确规定。

扣分累计达到 12 分的，给以 7 天的店铺屏蔽、限制发布商品、限制发送站内信、限制社区功能并公示警告的处罚。

扣分累计达到 24 分的，给以 14 天的店铺屏蔽、限制发布商品、限制发送站内信、限制社区功能并公示警告的处罚，同时下架店内所有商品。

扣分累计达到 36 分的，给以 21 天的关闭店铺、限制发送站内信、限制社区功能并公告警示的处罚。

扣分累计达到 48 分的永久查封账户。

### 3. 触犯高压线行为

触犯高压线的行为：侵犯知识产权，售卖走私，仿造资料，经营不达标。

触犯高压线的天猫店铺直接清退，无回旋余地。

## 新店的运营成长

准备工作完成后，对如何运作要有自己的策略，随时学习调整，品牌和产品的特色也要明显。

> 成功秘诀：
> 充分准备，
> 运营思路清晰，
> 主动学习，
> 产品定位明确。

新店运营要考虑的要素有成长要素和装修要素。

成长要素包含产品本身、店铺指数和品牌综合因素，分解为成交额、浏览量、页面深度、转化成交率，以及客户销售成交的单价和额度。

天猫新店的成长至关重要，成长思路可以按照新店装修要素分为四步：发布商品和基础装修、打造人气单品、优化装修、广告推广类目活动的装修，如图 4-2 所示。

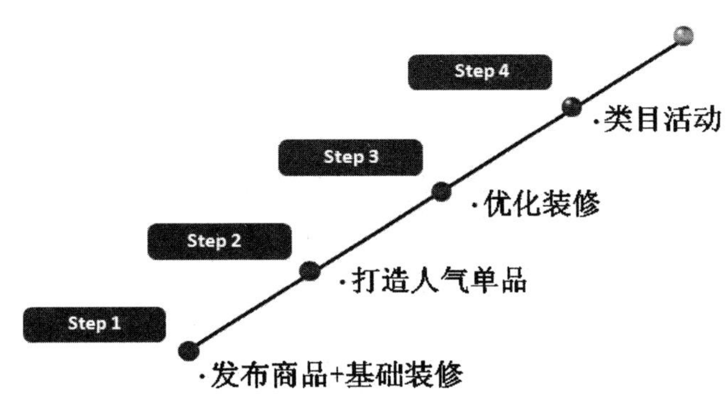


图 4-2　天猫新店的成长思路

## 1. 发布商品

商家发布商品前要确定商品的数量，发布商品的主图、标题、价格，以及商品详情描述。通常的发布时间是 7 天，如图 4-3 所示。

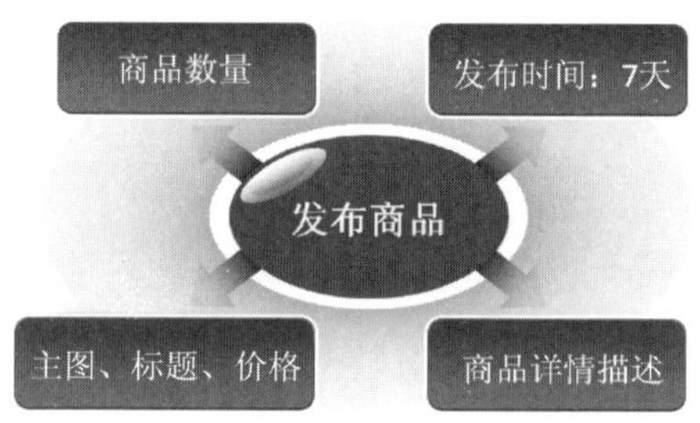


图 4-3 发布商品的细节

## 2. 基础装修

天猫店铺基础装修包括店铺的风格、宝贝分类区、促销区、店铺招牌等，如图 4-4 所示。

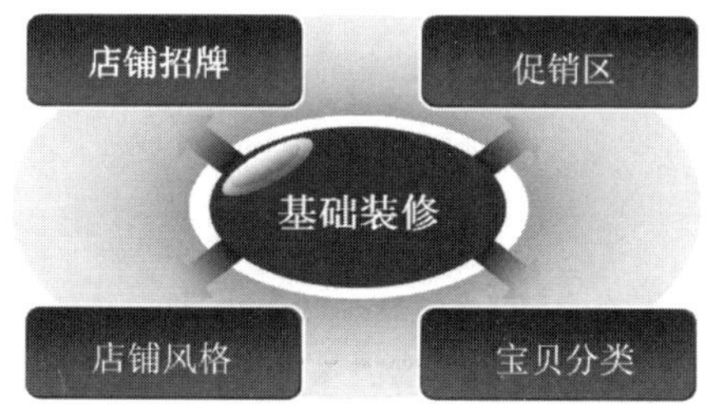


图 4-4 店铺的基础装修

天猫的店铺页面设计要达到视觉营销的效果，最重要的是清楚产品定位和买家需求，这也是店铺装修风格的出发点。在进行店铺装修前，需要明确产品定位、挖掘产品的卖点，根据产品定位确定消费人群，针对不同消费人群进行营销。

天猫店铺装修包括店铺页面和宝贝详情，如图 4–5 所示。店铺页面的内容包括店铺招牌、促销区、推广区、宝贝分类。宝贝详情的内容包括宝贝信息、关联营销、增值服务。

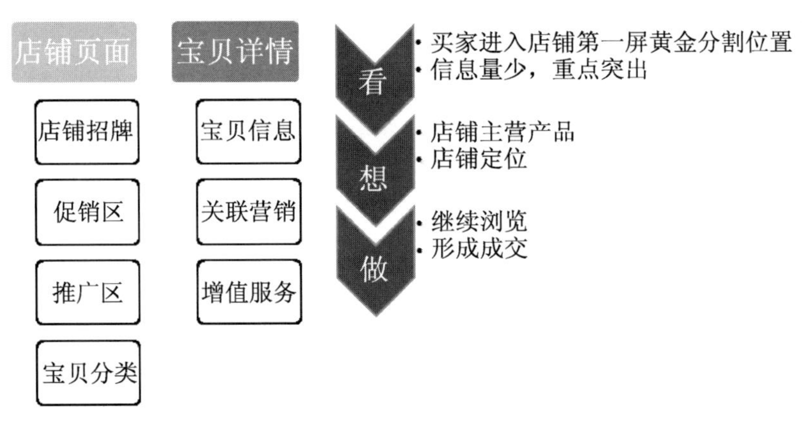


图 4–5　店铺装修组成

宝贝详情中的宝贝信息和关联营销内容可以从以下几方面考虑，如图 4–6、图 4–7 所示。

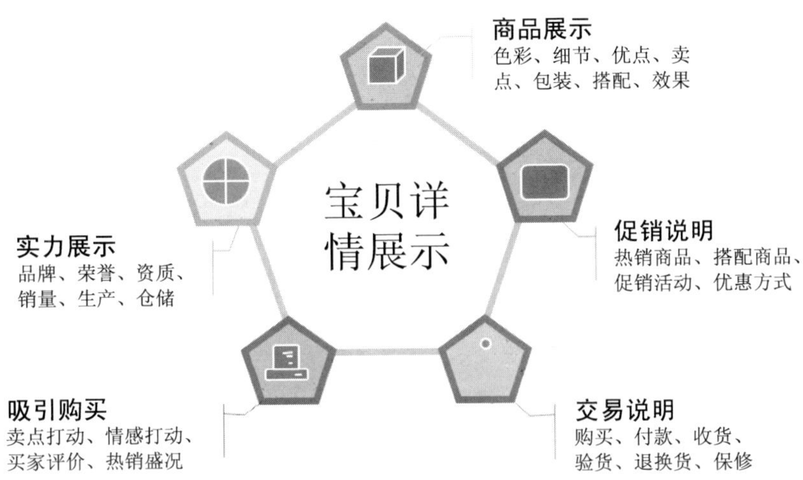


图 4-6　宝贝信息展示内容

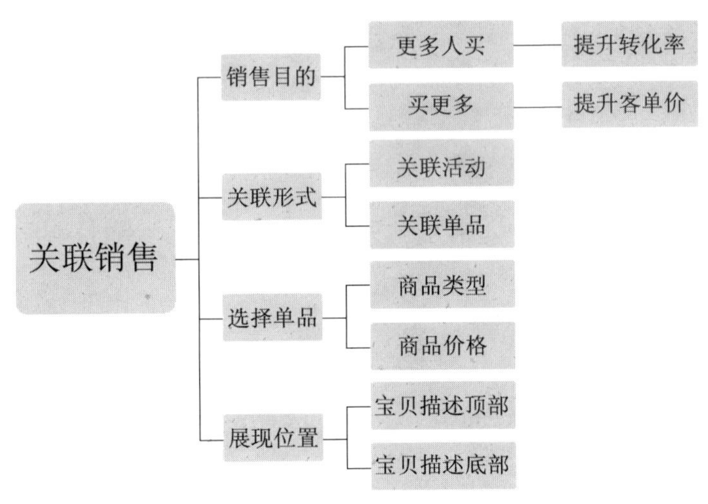


图 4-7 关联营销内容

### 3. 打造人气单品

打造天猫店铺人气单品方面要考虑商品的挑选、包装和推广等内容，如图 4-8 所示。

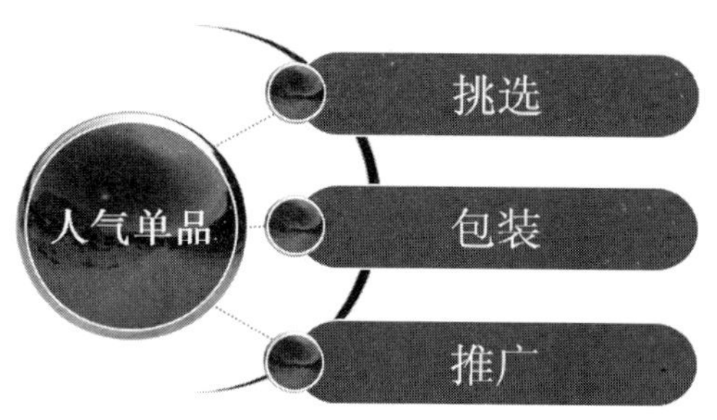


图 4-8　人气单品

#### （1）挑选人气单品

人气单品的挑选可以通过淘宝首页类目、淘宝排行榜、量子恒道数据来进行。一般是根据商家主要消费群体的特点找出一款适合的产品，要选择让消费者觉得性价比高、物超所值的产品。也可以广撒网，通过推广所有单品，定时观察销量，挑选出最具人气的单品。

#### （2）包装与推广人气单品

包装人气单品需要做好几个方面：提前预告、多方宣传，定好主题、产品、价格三要素，通过商品描述、商品图片、关联销售展现单品质量，通过限时折扣、满就送、优惠券等加大单品推广的活动力度。

### 4. 优化装修

优化装修即天猫店铺设置的风格化，具体包括基本设置、分类设置、自定义设置三方面内容，如图 4-9 所示。

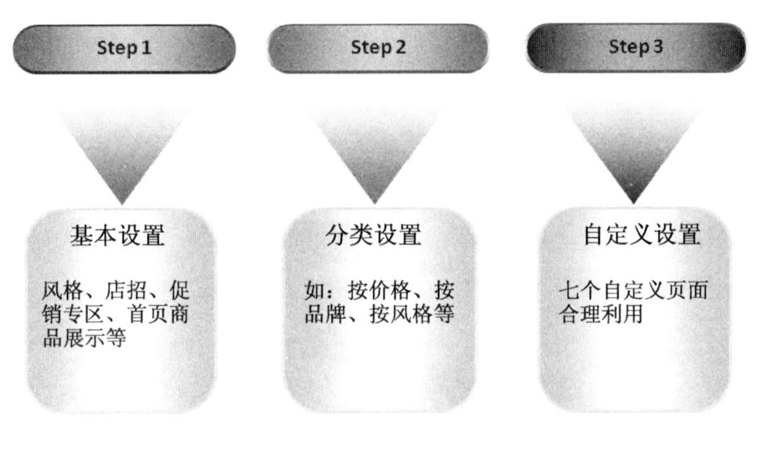


图 4-9 优化装修

### 5. 类目活动

天猫商家参与各类活动之前需要做好充分准备。活动前首先要保证基本功达到要求，并明确促销的目的、分析目标客户、明确促销内容，然后进行货品、服务、应急方案的准备，并进行活动造势，如图 4-10 所示。

在活动过程中，商家要及时跟进并进行适当调整，活动后要及时发货，对会员进行管理，总结活动的经验教训。

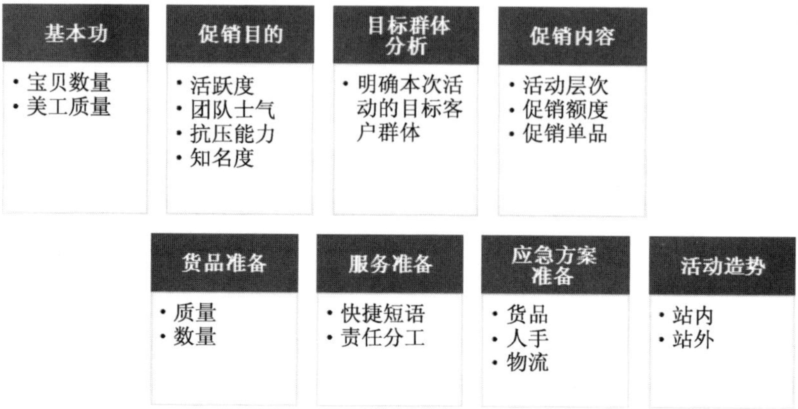

**基本功**
- 宝贝数量
- 美工质量

**促销目的**
- 活跃度
- 团队士气
- 抗压能力
- 知名度

**目标群体分析**
- 明确本次活动的目标客户群体

**促销内容**
- 活动层次
- 促销额度
- 促销单品

**货品准备**
- 质量
- 数量

**服务准备**
- 快捷短语
- 责任分工

**应急方案准备**
- 货品
- 人手
- 物流

**活动造势**
- 站内
- 站外

图 4-10　活动前的准备工作

## 把握节奏，循序渐进：入驻天猫各流程节点

一般商家在开设天猫店铺前，需要用一个月左右的时间来专门完成天猫店铺准备工作。我们以四周倒计时为例，分析入驻天猫的各流程节点需要完成的工作，如图 4-11 所示。

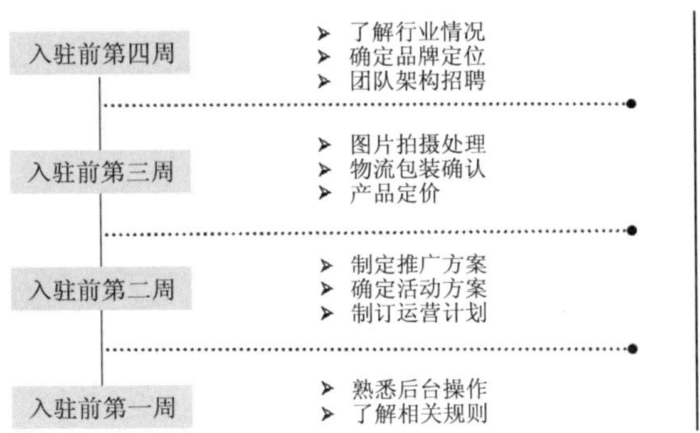


图 4-11 入驻天猫前四周的准备工作

## 入驻前第四周：行业摸底，完善团队

入驻前第四周：
行业分析，
确定品牌定位，
团队架构招聘。

商家入驻天猫前第四周需要进行行业摸底和团队完善。

行业摸底，包括行业分析和确定品牌定位。

完善团队，包括搭建团队架构和进行人员招聘。

我们以某女装品牌为例，分析入驻天猫前第四周商家需要进行的准备工作。

商家首先要了解细分市场，在天猫商品分类中搜索品牌女装，了解已入驻的女装品牌。然后找出目标消费者，了解买家需求。最后结合自身优势，给店铺和产品合适的定位，如图 4-12 所示。

商家在进行品牌定位时应从品牌内涵、产品风格、价格区间、消费群体四个方面着手，如图 4-13 所示。

图 4-12 行业分析

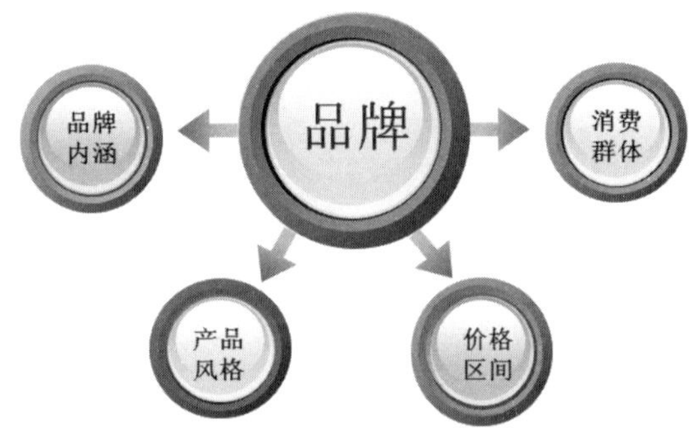


图 4-13 品牌定位及规划

商家需要将基本规划、组织构造、人员分工落实到位。具体内容如图 4-14。

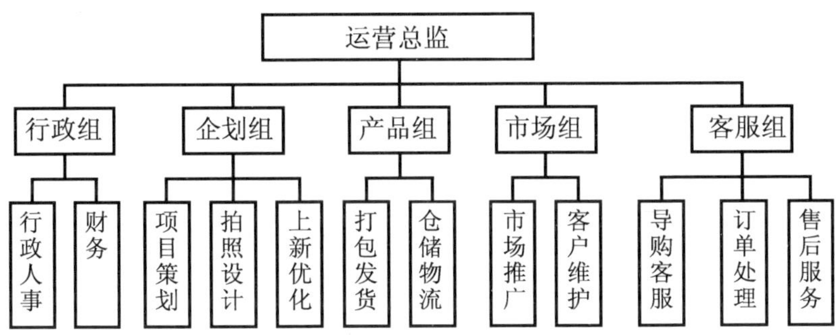


图 4-14 团队架构

## 入驻前第三周：制定计划与销售指标

入驻前第三周：
产品计划和销售计划，
图片拍摄处理，
物流包装确认。

商家在入驻天猫前第三周，需要对产品计划、销售计划、图片拍摄处理及物流包装的运作等做好相应的准备工作。

以某女装品牌为例，商家在入驻天猫前第三周进行产品上下架的准备，产品季节性安排。假设产品 1 月上线，则上线前就需要去准备销售下个季节的产品，2 月则循环产品，到 3 月开始上架夏装，到 4 月、5 月夏装进入首位阶段，整个产品计划和货品节奏如图 4-15、图 4-16 所示。

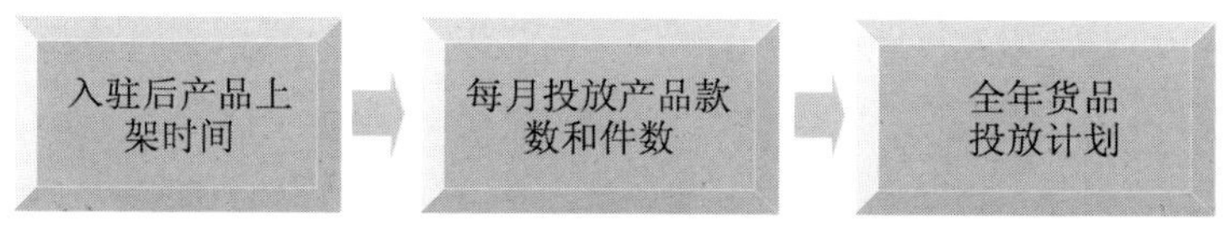


| 产品计划明细 | | | | | | | | | | | | | |
|---|---|---|---|---|---|---|---|---|---|---|---|---|---|
| 月份 | 1月 | 2月 | 3月 | 4月 | 5月 | 6月 | 7月 | 8月 | 9月 | 10月 | 10月 | 12月 | 合计 |
| 投放款数 | 40 | 20 | 40 | 70 | 70 | 60 | 40 | 40 | 50 | 70 | 60 | 40 | 600 |
| 投放件数 | 8.4 | 5.6 | 9.8 | 8.4 | 9.8 | 7 | 5.6 | 5.6 | 8.4 | 13 | 15 | 15 | 111.6 |

图 4-15　产品计划

| 时间 | 全年货品节奏（女装案例） |
| --- | --- |
| 1月 | 清冬款，节前春款第一批上架 |
| 2月 | 节后开始春款大批量上架，冬款缩减到20%以下 |
| 3月 | 春款开始全面上架，3月下旬开始早春清仓，第一批夏款上架 |
| 4月 | 夏款陆续上架，春款尽快结束 |
| 5月 | 夏款继续补充 |
| 6月 | 下旬开始夏款大规模清仓 |
| 7月 | 清夏款，月底第一批秋款上架 |
| 8月 | 夏款清完，秋款陆续上架 |
| 9月 | 秋款全面上架，下旬开始清初秋款，国庆前上部分厚身货品 |
| 10月 | 冬款陆续上架，秋款尽快结束 |
| 11月 | 配合“双11”，冬款爆发 |
| 12月 | 中旬开始陆续清冬款，持续到春节 |

图 4-16　全年货品节奏

商家可以根据行业情况制定出符合该产品旺淡季的月度销售指标，如图 4-17 所示。

| 一年的销售计划（单位：万元） | | | | | | | | | | | | |
| --- | --- | --- | --- | --- | --- | --- | --- | --- | --- | --- | --- | --- |
| 月份 | 1月 | 2月 | 3月 | 4月 | 5月 | 6月 | 7月 | 8月 | 9月 | 10月 | 11月 | 12月 |
| 销售额 | 20 | 10 | 30 | 40 | 50 | 40 | 40 | 50 | 60 | 70 | 80 | 90 |
| 总计 | 580 | | | | | | | | | | | |

图 4-17　产品的月度销售指标

## 入驻前第二周：活用工具，促销推广

入驻前第二周：
学习付费推广，
学习免费资源，
学习促销工具，
制订推广活动计划。

商家在入驻天猫前第二周时，需要学习一些工具的使用，包含付费推广、免费资源、促销工具、制订推广活动计划等。

天猫上多种推广工具，可分为付费推广、免费资源、促销工具。

付费推广方式包括硬广、直通车、钻石展位、淘宝客、超级卖霸、阿里妈妈等，具体付费方式不同，如图 4-18 所示。

| 推广形式 | 计费方式 |
|---|---|
| 直通车 | 通过关键词竞价，按照点击收费，按照商品精准推广的服务 |
| 钻石展位 | 通过竞价排序，按展现次数计费，不展现，不收费，要求有高品质的美工技巧 |
| 淘宝客 | 由淘宝客帮助淘宝卖家推广商品，买家通过推广的链接进入完成交易后，淘宝卖家支付一定的佣金给帮助推广的淘宝客 |
| 超级卖霸 | 按展示位、时长计费，针对不同类型的卖家推广需求策划不同主题的活动，活动专题展示，群集效应，主题鲜明 |

图 4-18　不同付费推广形式的计费方式介绍

免费资源包括淘金币、聚划算及各类目活动，如图 4-19 所示。

促销工具包括限时折扣、搭配套餐、店铺优惠券等，如图 4-20 所示。

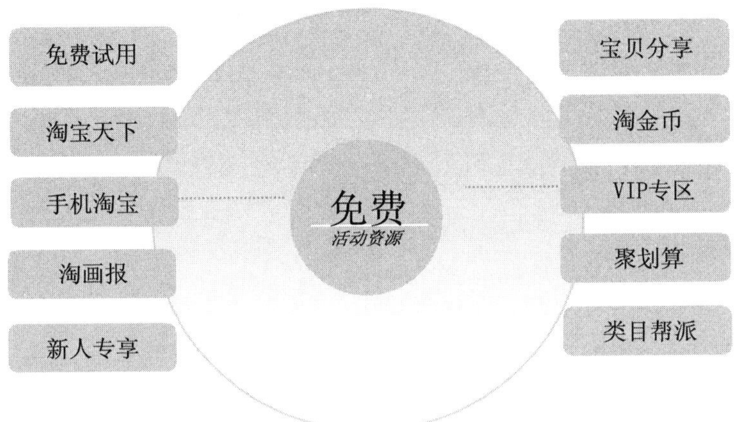


图 4-19　免费活动资源

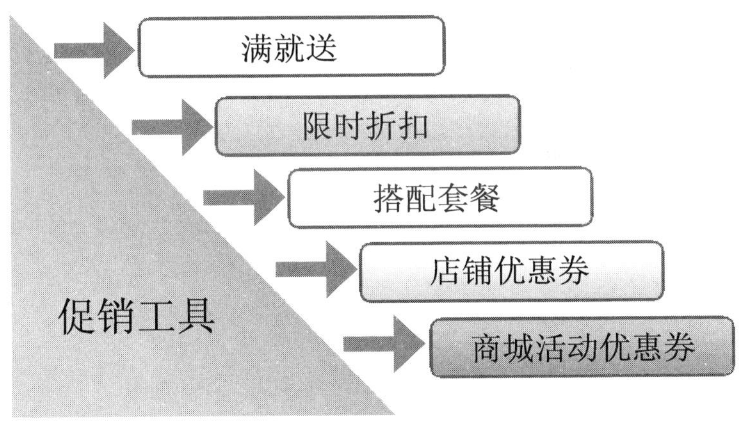


图 4-20　促销工具

以某服装品牌为例，商家需要在入驻天猫前第二周制订好推广活动计划及各个活动的资金流向与分流，如图 4-21 所示。

| 资源投放计划明细 | |
|---|---|
| 直通车推广 | 平均日直通车费用1500元/天，一年直通车费用预计54万元 |
| 硬广 | 3月、4月、10月、11月投放硬广每次费用27万元，当年总投放108万元 |
| 钻石展位 | 平均每月投放7500元，每周投放1～2次，总投放9万元 |
| 其他推广 | EDM及其他推广预计20万元 |
| 总计 | 广告费用预算200万元 |

图 4-21　资源投放计划明细

该品牌全年活动和节日计划安排如图 4-22 所示。根据当年的固定节日和季节推出与之配合的活动。

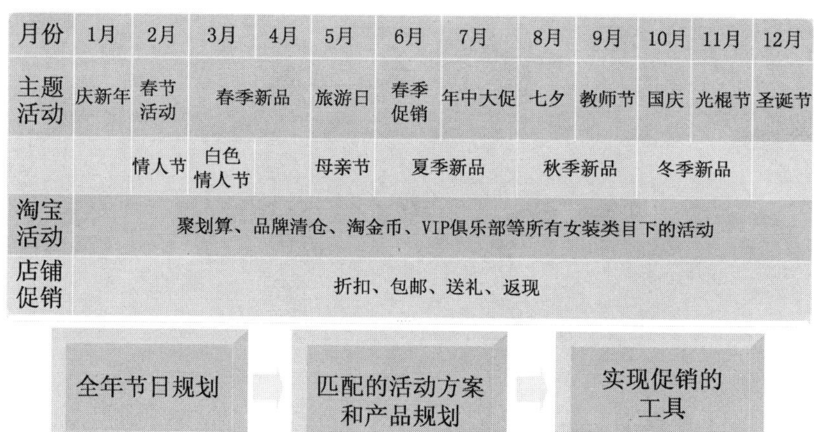

| 月份 | 1月 | 2月 | 3月 | 4月 | 5月 | 6月 | 7月 | 8月 | 9月 | 10月 | 11月 | 12月 |
|---|---|---|---|---|---|---|---|---|---|---|---|---|
| 主题活动 | 庆新年 | 春节活动 | 春季新品 | | 旅游日 | 春季促销 | 年中大促 | 七夕 | 教师节 | 国庆 | 光棍节 | 圣诞节 |
| | | 情人节 | 白色情人节 | | 母亲节 | 夏季新品 | | 秋季新品 | | 冬季新品 | | |
| 淘宝活动 | 聚划算、品牌清仓、淘金币、VIP俱乐部等所有女装类目下的活动 | | | | | | | | | | | |
| 店铺促销 | 折扣、包邮、送礼、返现 | | | | | | | | | | | |



图 4-22　固定活动计划一览表

## 入驻前第一周：学习操作，效果呈现

商家入驻天猫前一周，商家的准备和计划工作包括学习在线客服操作、商品图片的上传、天猫店铺后台的装修、天猫店铺的商业规则、页面效果的设计等。

入驻前一周：
学习E客服，
学习商品上传，
学习店铺后台装修，
学习天猫规则。

商家进行页面效果设计，包括品牌、文案、项目、产品等页面设计的效果。

需要客服到位，并进行推广测试。页面效果要求进行页面表现、颜色、搜索结果、排版设计的预演。

入驻天猫前一周，店铺的所有效果差不多都已经能够通过天猫页面呈现出来，等店铺批准通过后直接测试上传即可，在后期运作过程中再不断优化和调整。

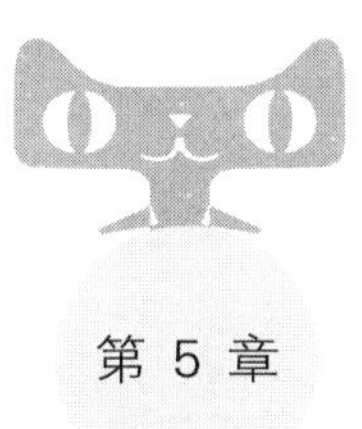

# 第 5 章

# 产品展示：细节是决定天猫成败的关键

# 用场景化拍摄展现品牌风格

图片是天猫店铺商品的灵魂，一张漂亮商品照片可以直接刺激顾客的视觉感官，让他们产生了解的兴趣和购买的欲望。

想要将品牌的风格通过视觉更好地展示出来，就要在拍摄之前做好准备。拍摄是品牌风格的落地，如果等到拍摄完毕后再来看图片或者视频是否适合就已经晚了。

这里所说的拍摄不是拍摄产品，而是拍摄产品或服务给客户带来的价值、结果，也可以说是直接好处。这就需要拍摄者具有场景思维。场景思维要求将产品场景化表达，即消费者使用的场景再现。比如通过拍摄体现出消费者更轻松的使用状态、更方便的使用感受、更轻巧的使用力度、更舒服的使用体验、更智能的使用操作等。可以通过文字、图片、视频，将消费者的使用状态全部表达出来，这个表达的核心就是场景化，即消费者使用的场景。

拍摄的整个过程安排实际就是产品价值的呈现，最终效果好不好，在拍摄的时候其实已经决定，要在效果呈现出来以前把拍摄的各种角度和呈现的可能先预演出来。

## 场景化：拍摄视觉最大化的策略思维

消费者购买的是产品的使用价值。买衣服购买的是穿着的效果；买食品购买的是健康和美味；买用具购买的是方便和省力；而购买灯具，除照明外，还有效果。场景思维是拍摄的指导方向，从消费者购买的价值角度出发，才是拍摄的核心。

> 我在服务德国品牌柏曼灯具时，在品牌战略生活方式的指导下，将消费者使用的生活场景进行归类，然后围绕生活场景进行拍摄计划，将生活中的108个幸福感植入产品拍摄中，如表5-1所示。

## 表 5-1 柏曼灯具场景化拍摄建议

| 柏曼生活场景 | 拍摄建议 | 拍摄 |
|---|---|---|
| 活动<br>入户<br>穿鞋<br>醒神<br>会客<br>家人看电视<br>夫妻看电视<br>宴客、家宴<br>看书看报<br>饮酒聊天<br>咖啡音乐<br>睡觉 | 起夜<br>床上看书、聊天、看电视、睡觉<br>沙发上看书、下棋<br>客厅玩耍、聊天<br>书桌旁工作、看书<br>洗漱间洗脸、化妆、泡澡、淋浴<br>卫生间坐厕 | 我喜欢懒懒地靠着沙发看书，<br>灯光就照在书上，<br>灯光不要太亮也不要太暗<br><br>睡觉前灯光能暗下来就好<br><br>厨房的灯光要亮一点，<br>做菜的时候鲜艳的颜色看起来更有食欲<br><br>为生活写诗 |

舒适、温暖、宁静、可靠是德国柏曼灯具品牌的风格，通过不同生活场景的拍摄，将这些细节感受传达给消费者，如图 5-1 所示。

图 5-1 德国柏曼灯光场景化拍摄

消费者购买的是德国式的高品质灯光生活方式，而不仅是灯具产品。

消费者购买的是场景，所以拍摄效果的呈现是消费者的使用场景而非产品本身，但可以适当补充产品的多角度拍摄说明。

只要能通过细节细致地去表现产品使用的每个环节，消费者就能更直接地看到产品带来的价值。好的拍摄是消费者没有见到产品实物，光看到图片即可了解他所想了解的任何细节。

你的产品的差异化价值点，就是你需重点表达的拍摄细节。

可能有人会说，照这样要求永远拍摄不完，不可能任何角度、任何细节都拍摄，但是理论上确实是越仔细越好。具体操作时要看产品的卖点突出什么，如果突出的是保暖风格，则清晰表达保暖即可；表达超薄，则说明白如何薄即可。你的产品的差异化价值点，就是你需重点表达的拍摄细节。

## 拍摄价格参考

如果选择摄影棚拍摄，则需要特别注意几点：是否需要把企业要拍摄的产品运到摄影棚；提前预约好摄影棚和摄影师；确认好拍摄价格和服务内容。

以德国柏曼灯光为例，列举出电商灯饰类拍摄收费标准，如表5-2。

**表 5-2 灯饰类拍摄收费标准**

| 电商灯饰类拍摄收费标准 | | | | |
|---|---|---|---|---|
| 拍摄项目 | 拍摄类型 | 拍摄费用（按款） | | 修图标准 |
| 灯 饰 | 棚内纯色背景 | 220元/款 | 正、背、细节共10张图片(如需多拍按20元/张收取） | 按天猫格式精修图：裁剪，润色 |
| | 展厅场景 | 200元/款 | 产品主图加细节共4张图片(如需多拍按50元/张收取） | |

通常，天猫商家会聘请专业的摄影师来公司进行拍摄服务，但在后期的更新中，也许需要商家自行进行简单的拍摄。

# 靠爆款与好价格抓住客户的心

## 爆款的选择

天猫店的选款是非常讲究的，不同的产品对店铺的作用不同。根据产品作用的不同，产品的定价也相应会有不同的安排。产品的定价并不是孤立的，而是围绕整个店铺的运营来设计的。比如引流类产品，虽然它们利润很少，但流量引进来后会带动其他关联产品销售，或者客户的后端销售。

这就是通常所说的产品线、产品前后的关联性和产品之间的组合方式。

以康益净水器为例，分析品牌产品类别规划，如图 5-2 所示。

| | 形象产品群 | 明星单品 | 眼球单品 |
|---|---|---|---|
| 品牌认知度 | 强烈的精神感召 | 新品推出的召集令 | 覆盖分众群体 |
| 产品认知度 | 因为对品牌和产品比较熟悉，消费者无须重新认识品牌的所有产品 | 因为对品牌的认同，此时广告只需要演绎清楚该产品的特点即可吸引消费 | 因为品牌的强势，可以细分挖掘高端少数群体的消费需求，成为产品新的增长点 |
| 消费吸引力 | 此时，品牌意识层面的感性沟通是增强消费者的好感度、认同度和忠诚度，从人的思想角度来打动消费者 | 同时，也是又一次对品牌传播的积累 | 同时，在大众群体看来，品牌的档次感和溢价能力也获得了很好的提升 |
| 终端联想 | | | |

图 5-2 康益品牌产品类别规划图

淘宝上的水处理产品有三种分类，冷热水机、过滤水机、功能水机。这三种分类产品竞争激烈：功能水机属于小众市场，市场信心不高；过滤水机被热捧，但是缺少行业标准；冷热水机方便，弱化兼容过滤。在这样的背景下，康益净水器推出了自己的产品系列。在产品类目规划层面上，结合企业实际规划积累产品。

眼球单品

眼球单品是针对网购市场选择最常见、销量最好的单品，以包装、价格、推广等优势，快速切入市场。康益在这方面有很好的准备，比如快速彩色水龙头系列。

因为品牌的强势，可以细分挖掘高端少数群体的消费需求，成为产品新的增长点。同时，品牌的档次感和溢价能力也获得了很好的提升。

### 明星单品

以高标准制作功能全面、设计漂亮、价格高端的产品，作为代表品牌最高水平的明星产品，提升品牌形象。例如康益的水宝宝系列。

因为对品牌的认同，广告只需要演绎清楚该产品的特点即可吸引消费者。同时明星单品打造也是又一次对品牌传播的积累。

### 形象产品群

完善、丰富品牌线，在存量市场里增加消费者在品牌内部的选择空间。例如康益的全屋净水解决方案套装产品。因为对品牌和产品比较熟悉，消费者无须对其重新认识。

此时，品牌意识层面的感性沟通是增强消费者的好感度、认同度和忠诚度，从人的思想角度来打动消费者。

完善、丰富品牌线，完善产品结构，大大增加了消费者在品牌内部的选择空间，如图 5-3 所示。

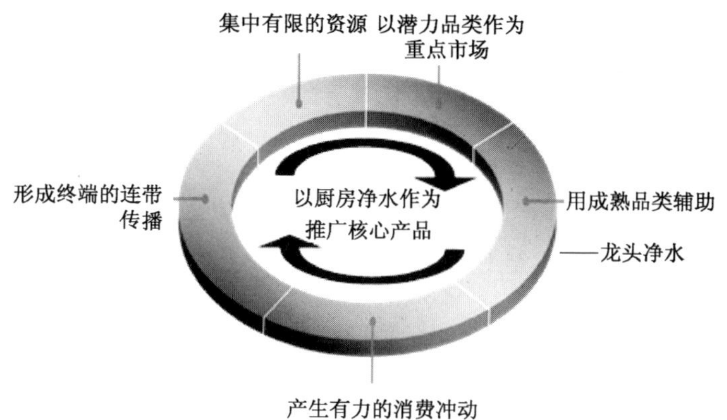


图 5-3　完善产品结构

当康益成为真正的强势品牌时，三种产品负载方式既可不同时期单独使用，也可并行一起推广；但目前，最合适的方式应该是选择以明星产品走差异化的产品诉求来负载康益品牌的推广。

## 销售定价建议

俗话说“薄利多销”，所以很多人认为定价低就会有不错的销量。其实，在实际销售中，并不是定价越低越好，定价低并不值得推崇，因为做天猫店要消耗的成本和精力绝对不比开其他实体店要少。如果开天猫店定价低，造成不赚钱甚至亏本，那么对于企业来说得不偿失。对于天猫店来说，产品象征着一个品牌，是一个标志，定价盲目偏低，会对企业品牌、天猫店家造成很大的伤害。

天猫店铺定价要考虑到各种各样的因素，具体总结有以下几种因素：

店内促销折扣率；

准备参加活动的折扣率；

天猫官方大促活动时的折扣率；

淘金币抵扣；

店内优惠折扣组合，包含优惠券、满减、红包、搭配减等；

好评返现；

店内 VIP 折扣；

信用卡支付佣金；

CPS 按成交计费推广佣金；

手机专享折上折。

天猫店要想做好定价，需要结合自身特色，综合考虑以上因素，进行有区别的定价和表述。比如：老客户重复消费产品，永久 95 折；推广期内购买耗材，9 折。老客户重复消费产品，代金券 50 元；推广期内购买耗材，折上折等。

关于套餐销售需要注意，不单是产品配件套餐，甚至可以与其他相关行业达成同盟，共同营销。促销方式可以分为收藏有礼（收藏送代金券、计分、折扣、小礼品）、包邮、折扣、特价等。

康益品牌厨房净水器和龙头净水器的定价策略如下：

厨房净水器

| 商品 | 价格 | 所在地 | 成交/评价 | 服务 |
|---|---|---|---|---|
| 包邮IHDN自来水过滤器厨房家用净水器直饮机中央净水机-JYUF500<br>商城 电器城<br>hdn旗舰店 和我联系 | ¥500.00<br>运费：0.00<br>信用卡<br>折扣 | 广东 深圳 | 最近成交486笔<br>835条评价 | 消费者保障<br>七天退换<br>正品保障 |
| 包邮清泉自来水过滤器厨房家用净水器正品直饮龙头中央净水机！<br>司忠祥 和我联系 | ¥860.00<br>运费：0.00<br>信用卡 | 广东 深圳<br>货到付款 | 最近成交467笔<br>436条评价 | 消费者保障<br>七天退换<br>24小时发货<br>30天维修 |
| 淘金币 正品 益力1000L厨房家用净水器直饮机 中央净水机包邮<br>商城 品牌正品<br>益力旗舰店 和我联系 | ¥536.00<br>运费：0.00<br>信用卡<br>折扣 | 广东 东莞 | 最近成交434笔<br>458条评价 | 消费者保障<br>七天退换<br>正品保障 |
| 2011新款韩国芯 安吉尔净水器正品 直饮净水机SA-UF100 101UF120J<br>商城 电器城 嗨淘<br>盛世泽数码专营店 和我联系 | ¥388.00<br>运费：10.00<br>信用卡 | 广东 深圳 | 最近成交410笔<br>1106条评价 | 消费者保障<br>七天退换<br>正品保障 |
| 冲冠促销包邮普尔康75G六级RO反渗透/家用纯水机直饮厨房净水器<br>mf20050205 和我联系 | ¥560.00<br>运费：0.00<br>信用卡 | 上海 | 最近成交331笔<br>521条评价 | 消费者保障<br>七天退换<br>30天维修 |

图 5-4　厨房净水器天猫搜索

| 图片 | 产品 | 原价 | 折价 | 关键字 |
|---|---|---|---|---|
|  | 海德能-500 | 500 | 300 | 厨房<br>中央净水<br>直饮 |
|  | 清泉 | 870 | 395 | 厨房<br>中央净水<br>直饮 |
|  | 益力-1000 | 536 | 268 | 厨房<br>中央净水<br>直饮 |
|  | 安吉尔<br>SA-UF100<br>101UF120J | 388 | 388 | 直饮<br>净水机<br>六芯 |
|  | 普尔康<br>75G | 560 | 560 | 反渗透<br>纯水<br>直饮<br>厨房净水器 |

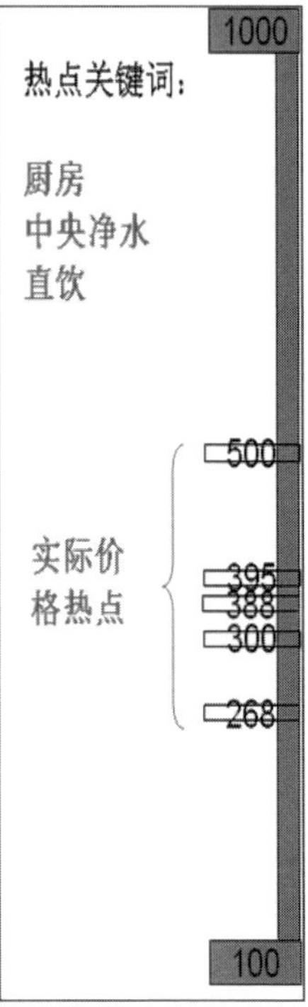

热点关键词:

厨房
中央净水
直饮

1000
500
实际价格热点
395
388
300
268
100

图 5-5 厨房净水器热销产品分析

**热点关键词**

功能覆盖:直饮水、厨房用水是家庭用水的最高标准,消费者希望向下兼容。

范围覆盖:精确标的,或者象征性标的。明确使用范围,精确搜索。

**价格**

真实价:消费热点在 250 ～ 500 元之间,中央净水的热点价在400元左右。

原始价：确保折后真实价钱在250～500元之间的消费热点。

定高的价钱可以承托产品质量保证，但过低的折扣会造成欺骗的错觉，6～8折之间为最合适的价格区间。

建议初期促销定价在600元左右，6.66折，折价后在400元左右；后期高端产品定价在1000～1200元，6.66折，折价后最低价在650元左右。

龙头净水器

| 宝贝 | 价格 | 所在地 | 成交 | 服务 |
|---|---|---|---|---|
| 厨房净水器 家用水龙头净水器 自来水过滤器 秒杀包邮<br>dooopo 和我联系 | ¥88.00<br>运费：0.00<br>信用卡<br>折扣 | 广东 广州<br>货到付款 | 最近成交830笔<br>766条评价 | 消费者保障<br>七天退换 |
| 厨房净水器 家用水龙头净水器 椰壳活性碳水龙头过滤器 秒杀包邮<br>沈辉忠 和我联系 | ¥68.00<br>运费：0.00<br>信用卡<br>折扣 | 上海<br>货到付款 | 最近成交776笔<br>2521条评价 | 消费者保障<br>七天退换<br>24小时发货<br>30天维修 |
| 包邮！水龙头净水器普及风暴 净怡家用自来水过滤器 用上放心水！<br>童叟无欺欢迎光临 和我联系 | ¥176.00<br>运费：0.00<br>信用卡<br>折扣 | 福建 漳州 | 最近成交684笔<br>301条评价 | 消费者保障<br>七天退换 |
| 净易水龙头净水器 家用 厨房/官方品质 ▲2芯△可清洗 热销包邮<br>商城品牌正品<br>净易旗舰店 和我联系 | ¥118.00<br>运费：0.00<br>信用卡<br>折扣 | 广东 广州 | 最近成交499笔<br>1432条评价 | 消费者保障<br>七天退换<br>正品保障 |

图5-6 龙头净水器天猫搜索

| 图片 | 产品 | 原价 | 折价 | 关键字 |
|---|---|---|---|---|
|  | 净一佳<br>168A | 88 | 66 | 龙头净水器<br>过滤器<br>秒杀包邮 |
|  | 雀巢<br>3305 | 68 | 68 | 龙头净水器<br>过滤器<br>活性碳<br>秒杀包邮 |
|  | 净怡<br>jix-1001 | 176 | 70.4 | 龙头净水器<br>自来水过滤器 |
|  | 净易<br>HF211 | 118 | 91.21 | 龙头净水器<br>自来水过滤器 |
| | | | | |

热点关键词：

龙头净水器
过滤器
秒杀包邮

实际价格热点

200
91.21
70.4
68
66
100

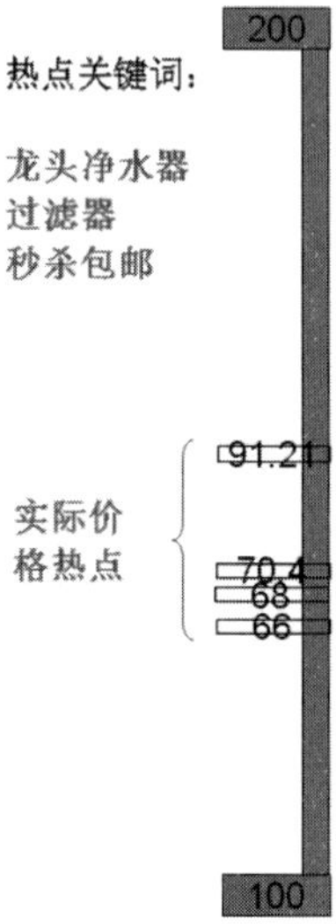

图 5-7　龙头净水器热销产品分析

**热点关键词**

功能覆盖：标的为简易厨房净水，向上提升功能价值，提高价值感。

范围覆盖：可以涵盖更广的使用范围，增加搜索可能，如洗衣等。

**价格**

真实价：消费热点在 70 ～ 100 元。

原始价：200 元之下，和厨房净水器拉开距离，但又不至于太低端。

建议原始价定为 150 元，6.66 折，折后价格为 99 元。

# 布局好店铺关键词让客户更容易搜到你

店铺的关键词在技术层面上有店铺名称、商品描述等，只要能符合天猫店铺描述规则的都可以尽量多用。在此我们不再阐述操作技巧，重点沟通策略要点。

## “关键词”是淘宝推广营销的关键

“关键词”能够让淘宝和天猫客户方便找到你，是店铺搜索优化的基础，决定着店铺推广的效率。

关键词战略要求：

集中有效资源（人力、资金、时间）；

集中于有竞争力的领域、项目；

集中于有效客户；

集中宣传优势产品；

集中宣传产品的核心利益；

集中让几个核心关键词排名领先。

淘宝和天猫搜索更多的是行业通用词，但你的产品门类，或者产品名称也许不是这种叫法，这就需要处理和融合。如果不能结合这些词语，就根本没有被搜索到的展示机会。但搜索的热词结果也是不断变化的，在运作过程中要经常留意搜索词语的改变来做出调整。

图 5-8 为在百度指数上输入枕头后与枕头相关的关键词的搜索需求分布图，可以看出与枕头相关的关键词按需求强弱排列分别为：颈椎病，婴儿枕，荞麦皮，多大，什么时候，乳胶，igloo，宝宝，牌子，睡觉，等等。

这些与枕头相关的关键词反映的是人们对枕头的了解需求，是人们关注枕头的一些问题的程度。对于枕头，人们希望了解的是其材质构成、功效、特定适用人群。值得一提的是 igloo 一词，它代表的是雪屋枕，是一种睡眠专业医生研制的具有遮光挡音效果的枕头。

图 5-8 百度指数——枕头

**说明：**数据搜索时间跨度为2013年9月—2015年9月。

此数据为百度指数特有，故无淘宝指数对比。

## 天猫店铺关键词的选择

关键词的选取在天猫店铺项目策划阶段就应该认真思考，因为关键词在店铺定位、店铺栏目设置、店铺产品所在行业的特点、目标群体所在区域等因素上都会或多或少地产生影响，而关键词的选取和分配也直接贯穿店铺建设、店铺推广、店铺运营和店铺效果评估等整个天猫店铺营销流程。那么关键词的选择有哪些技巧呢？

关键词选择技巧：
站在客户的角度思考，
不能太宽泛，
不能过冷，
与天猫店铺和主题相关。

### 1. 站在客户的角度思考

关键词既然是客户在搜索引擎中输入的词语，那么，对于关键词首先应站在客户的角度进行思考：目标客户最喜欢搜索什么？目标客户在面对某一问题的时候搜索什么词的频率最高？

### 2. 关键词不能太宽泛

关键词不能过于宽泛，如“化妆品”这个关键词每天的搜索量巨大，如果能够在该关键词上取得很好的排名，肯定能引入不错的流量，但也应该考虑到更多的问题。首先，这个关键词的竞争将非常激烈，很多化妆品商都为了这个词拼得头破血流，很难获得很好的排名；第二，在面对数不胜数的竞争者的时候，即使你有钱投入，把这个关键词竞争到淘宝搜索前几位或者更好的名次，你也会发现，搜索“化妆品”的很大一部分人并不是奔着买化妆品而来的。搜索通用关键词的用户的目的并不明确、针对性不强，而且用户未必在你店铺的既定市场范围内，订单率非常低，这导致花费了更多的成本却没有得到相应的回报。

### 3. 关键词也不能过冷

过冷的关键词在取得好的排名方面要容易得多，但是这些关键词引入的用户量也非常小，如果采用公司名字做关键词，除了本公司员工、客户等对你公司熟知的人会搜索之外，其他人根本不会通过这些关键词来寻找相关的信息。当然做大量的宣传来推广店铺品牌除外。

4. 与天猫店铺和主题相关

用户搜索关键词是为了寻找相应的内容，我们优化的关键词必须与目标用户的需求相契合，也就是说我们选择的关键词必须与店铺相关、与店铺产品主题相关，提高关键词的相关性，也可以提高网站的权重和排名。

我们还可以时常查看淘宝搜索相关词语以了解自己店铺的关键词设置的方向。

下面以关键词“灯具”的搜索为例。

在淘宝和天猫主页搜索关键词“灯具”的结果如图 5-9、图 5-10 所示。

搜索关键词“灯具”的时候会有很多关联词的出现，还会有其他的创意提醒词出现。比如从品牌维度：如欧普照明、雷士；从灯具材质维度：水晶灯；从空间维度：客厅灯具；还有颜色维度、用途维度等。

只要是你能想到，维度可以无限延伸。

淘宝网
Taobao.com
更多市场
宝贝
灯具
搜索
所有宝贝
天猫
二手
我的搜索
所有分类 > 共 23.65万 件宝贝
收起筛选
品牌：
OPPLE/欧普照明
Soolade/索莱德
飞利浦
汉斯威诺
nVc/雷士
世源
弗森照明
AOZZO/奥朵
松下
TCL
铭佐
设计师的灯
NIUDENG LIGHTING/...
CHNT/正泰
灯具材质：
铁
ABS+五金底盘
不锈钢
木
铝
水晶
有机玻璃
PVC
玻璃
合金
适用空间：
卧室
客厅
书房
餐厅
小客厅
小卧
会议室
阳台
厨房
过道
家装主材：
吸顶灯
水晶吸顶灯
吸吊两用灯
鱼线吊灯
枝型吊灯
壁灯
装饰台灯
落地灯
筛选条件：
光源类型
灯罩形状
光源个数
风格
相关分类
多选
更多

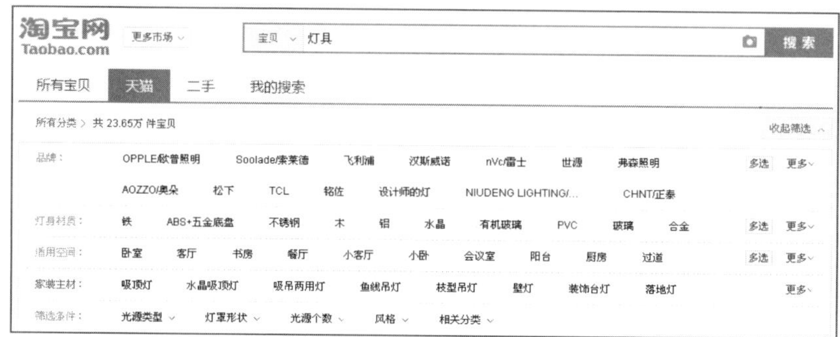

图 5-9　关键词“灯具”的淘宝搜索

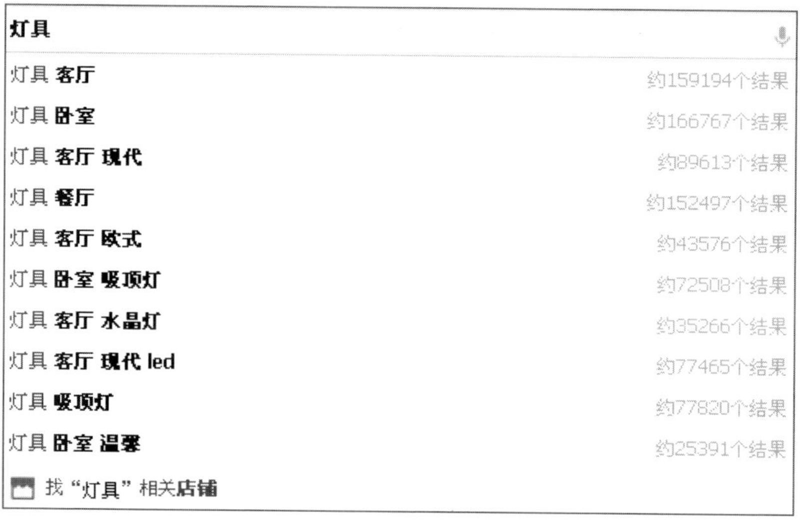

灯具
灯具 客厅
约159194个结果
灯具 卧室
约166767个结果
灯具 客厅 现代
约89613个结果
灯具 餐厅
约152497个结果
灯具 客厅 欧式
约43576个结果
灯具 卧室 吸顶灯
约72508个结果
灯具 客厅 水晶灯
约35266个结果
灯具 客厅 现代 led
约77465个结果
灯具 吸顶灯
约77820个结果
灯具 卧室 温馨
约25391个结果
找“灯具”相关店铺

图 5-10　关键词“灯具”的天猫主页搜索

运营篇

# 赢在用户思维

第 6 章

# 运营管理：没有好团队就没有好的天猫店

## 组建天猫电商团队

天猫店成功的关键就在于两个方面：一是店铺整体的营销规划，二是品牌包装。这两个方面都需要企业决策者亲自参与和配合。更为重要的是，一家好的天猫店离不开一个优秀的运营团队。

每个企业对天猫的规划和力度不尽相同，投入的侧重点不同，大约有 80% 的天猫商家更侧重于聘请品牌化电商团队来进行整体外包合作，节省企业的时间和管理试错成本。不管是企业自己运营天猫店，还是寻找优秀的代运营机构，整个电商团队包含如下方面（如图 6-1 所示）：

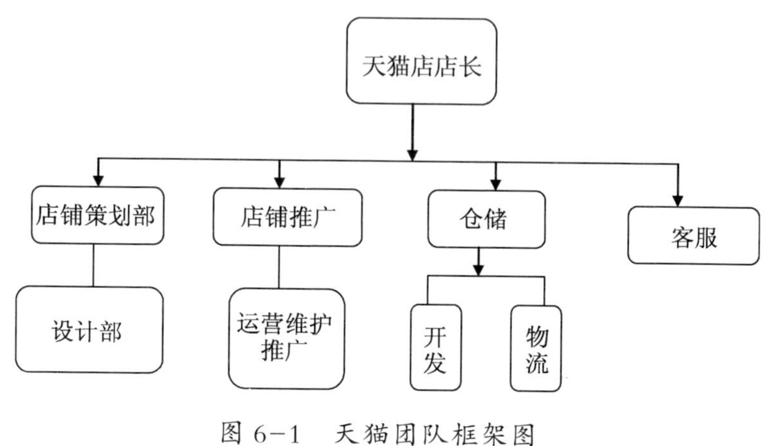


图 6-1　天猫团队框架图

下面选取其中几种岗位进行详细介绍。

## 天猫店店长

天猫店店长是天猫店铺里非常重要的一个岗位，他对天猫店铺整体负责。店长就像一个大家长，他需要通盘考虑，抓大放小，要有全局眼光。天猫店店长，可以不懂技术不懂营销，但是必须懂得如何用人管人，并且知道天猫店铺的盈利模式。

> 天猫店店长，可以不懂技术不懂营销，但是必须懂得如何用人管人，并且知道天猫店铺的盈利模式。

天猫店店长负责制定团队目标与计划，并协调各岗位完成目标。如表 6-1 所示，天猫店店长的主要工作职责包括：制定本店季度目标，并且分层为月、周、日计划；负责网店整体规划、营销、推广、客户关系管理等系统经营性工作；负责整个店铺经营状态，协调和管理各岗位人员；负责老客户关系维护，促进重复购买概率；等等。

**表 6-1 天猫店店长岗位说明**

<table>
<tr><td>岗位名称</td><td>店长</td><td>所在部门</td><td>电子商务部</td><td>直接上级</td><td>总监</td><td>直接下级</td><td>营销主管等</td></tr>
<tr><td colspan="8">工作职责：制定团队目标与计划，并协调各岗位完成目标</td></tr>
<tr><td colspan="2">内部协作</td><td colspan="2">发货部、营销部</td><td colspan="2">外部协作</td><td colspan="2">外部客户</td></tr>
<tr><td colspan="8">职责与工作内容</td></tr>
<tr><td rowspan="4">职责一</td><td colspan="7">制定本店季度目标，并且分层为月、周、日计划</td></tr>
<tr><td rowspan="3">工作内容</td><td colspan="6">1. 制定月销售目标，并制定月销售计划<br>（计划落实到每周、每天，并制定安排计划）</td></tr>
<tr><td colspan="6">2. 针对目标列出实施方案落实到每周第几天</td></tr>
<tr><td colspan="6">3. 明确当月目标与计划实施过程中所遇到的问题（如货源、资金周转、其他硬件设施），提前做出应对策略</td></tr>
<tr><td rowspan="6">职责二</td><td colspan="7">负责网店整体规划、营销、推广、客户关系管理等系统经营性工作</td></tr>
<tr><td rowspan="5">工作内容</td><td colspan="6">1. 负责网店日常改版策划、上架、推广、销售、售后服务等经营与管理工作</td></tr>
<tr><td colspan="6">2. 负责网店日常维护，保证网店的正常运作，优化店铺及商品排名</td></tr>
<tr><td colspan="6">3. 负责执行与配合公司相关营销活动，策划店铺促销方案</td></tr>
<tr><td colspan="6">4. 负责收集市场和行业信息，提供有效应对方案</td></tr>
<tr><td colspan="6">5. 客户关系维护，处理相关客户投诉及纠纷问题</td></tr>
</table>

续表

<table>
<tr><td rowspan="5">职责三</td><td colspan="2">负责整个店铺经营状态，协调和管理各岗位人员</td></tr>
<tr><td rowspan="4">工作内容</td><td>1. 每天不定时观察店铺数据、量子、直通车及钻石展位的消耗，做出适当的调整与对策</td></tr>
<tr><td>2. 监督并指导客服工作行为</td></tr>
<tr><td>3. 配合并指导美工优化店铺形象，制作广告图</td></tr>
<tr><td>4. 整理和分析快递与发货部的交接问题，提出有效意见反馈给各部门</td></tr>
<tr><td rowspan="7">职责四</td><td colspan="2">负责老客户关系维护，促进重复购买概率</td></tr>
<tr><td rowspan="6">工作内容</td><td>1. 建立老顾客群、帮派、掌柜说等与客户互动的SNS</td></tr>
<tr><td>2. 整理出不同级别的老顾客，对不同级别的顾客做出相应的维护</td></tr>
<tr><td>3. 整理和分析在客户关系处理中的问题和改善方法，提出有效意见反馈给主管（可用会员关系管理软件，以及表格）</td></tr>
<tr><td>4. 针对店里贵宾顾客做不定期回访</td></tr>
<tr><td>5. 每逢营销活动或节日（生日）向老顾客发短信或打电话祝贺、通知（可用软件发送或让售前、售后去发送）</td></tr>
<tr><td>6. 老顾客同比增长数据每周要统计并做出调整与相应对策</td></tr>
<tr><td>附加职责</td><td>工作内容</td><td>其他工作内容（如客服请假、客服下班、其他因素造成的人员短缺）</td></tr>
<tr><td colspan="3">备注：</td></tr>
</table>

## 营销主管

天猫店的营销团队负责天猫店的运营维护与推广，他们就像企业的敢死队，搜集敌情、制定策略、攻城略地。他们所做的一切，主要是为了完成三个目标：其一，提高商城的流量及访问量；

其二，提高转化率；其三，提高品牌知名度及客户忠诚度。

天猫店的营销主管，对整个天猫的发展起着举足轻重的作用。

天猫店的营销主管负责完成主管委员会下达的各项营销任务，以及公司各项销售与流量指标。如表 6-2 所示，营销主管的主要工作职责包括：网络交易平台 SEO 与优化整治、网络交易平台内部营销、网络平台外部营销、与其他岗位的交接管理等职责内容。

天猫店的营销主管，对整个天猫店的发展起着举足轻重的作用。

**表 6-2 天猫店营销主管岗位说明**

<table>
<tr><td>岗位名称</td><td>营销部主管</td><td>所在部门</td><td>营销部</td><td>直接上级</td><td>店长</td><td>直接下级</td><td>营销部专员</td></tr>
<tr><td colspan="8">工作职责：完成主管委员会下达的各项营销任务，完成公司各项销售与流量指标</td></tr>
<tr><td colspan="2">内部协作</td><td colspan="2">客服部，技术部</td><td colspan="2">外部协作</td><td colspan="2">渠道</td></tr>
<tr><td colspan="8">职责与工作内容</td></tr>
<tr><td rowspan="8">职责一</td><td colspan="7">网络交易平台SEO与优化整治</td></tr>
<tr><td rowspan="7">工作内容</td><td colspan="6">1. 利用相关软件，进行对商品关键字的SEO处理</td></tr>
<tr><td colspan="6">2. 研究消费者的心理需求，优化对应商品描述文案</td></tr>
<tr><td colspan="6">3. 侦测竞争对手运营情况及市场最新动态，发掘新的商机或商品</td></tr>
<tr><td colspan="6">4. 研究平台类目及搜索引擎，提炼有用信息促进店铺经营</td></tr>
<tr><td colspan="6">5. 利用淘宝箱及网店自带各种软件，对店铺进行常规性的优化</td></tr>
<tr><td colspan="6">6. 研究店铺统计数据，发掘隐含内在问题并及时处理</td></tr>
<tr><td colspan="6">7. 每星期整理和分析职责一的工作汇报，上报给店长</td></tr>
</table>

续表

| 职责二 | 网络交易平台内部营销 | |
|---|---|---|
| | 工作内容 | 1. 有价流量的获取（直通车等）的日常优化 |
| | | 2. 淘宝论坛发帖、顶帖帮派的建立和促销活动策划与实施 |
| | | 3. 店铺内部活动（增加成交转换率与单价活动）的策划和实施 |
| | | 4. 交易平台促销活动（增加店铺信誉度及新顾客）的策划和实施 |
| | | 5. 每星期整理和分析职责二的工作汇报，上报给店长 |
| 职责三 | 网络平台外部营销 | |
| | 工作内容 | 1. 各大博客、微博的建立与宣传，以及活动策划和实施 |
| | | 2. 有关行业的门户、论坛发帖、顶帖及活动策划和实施 |
| | | 3. 百度贴吧、百度知道等宣传推广活动策划和实施 |
| | | 4. 每星期整理和分析职责三的工作汇报，上报给店长 |
| 职责四 | 与其他岗位的交接管理 | |
| | 工作内容 | 1. 积极配合技术部的工作，对技术部所需的素材（商品文案、设计要求等）在不影响自身职务的情况下优化处理 |
| | | 2. 积极配合财务部的工作，对财务部所需的资料（费用细则、活动预算等）在不影响自身职务的情况下优化处理 |
| | | 3. 客服部是最直接面对终端的部门，故要积极向客服部咨询及调查最新的顾客需求与意见，了解市场最新情况 |
| | | 4. 每星期整理和分析职责四的工作汇报，上报给店长 |
| 附加职责 | 工作内容 | 根据网站最新需要与发展，网站会下发一些自愿性的任务工作。可按照兴趣来担任相关职务 |
| 备注： | | |

## 美工编辑

天猫店铺策划部、设计部的美工编辑，负责天猫店的门面。作为天猫店的美工，他们既是卖家也是买家，既是老板也是员工。保持卖家的身份，就是要体会到卖家的苦衷，才能更好地做设计。保持买家的心态，才可以理解对客户来说，什么才是最好的。

天猫店的美工编辑负责完善已拍出的图片，优化与平面设计等内容。如表 6-3 所示，美工编辑的主要工作职责包括：网站商品图拍摄与商品文案的整合；网站 VI 设计与印刷；网站各种页面构建的设计与装修；网站各类活动的气氛营造和布置等工作（活动现场布置，体验店装修布置）；反馈与考勤；等等。

**图 6-3 天猫店美工编辑岗位说明**

<table>
<tr><td>岗位名称</td><td>美工</td><td>所在部门</td><td>美工部</td><td>直接上级</td><td>店长</td><td>直接下级</td><td>技术部专员</td></tr>
<tr><td colspan="8">工作职责：完善已拍出的图片，优化与平面设计等内容</td></tr>
<tr><td colspan="2">内部协作</td><td colspan="2">客服部，营销部</td><td colspan="2">外部协作</td><td colspan="2">渠道</td></tr>
<tr><td colspan="8">职责与工作内容</td></tr>
<tr><td rowspan="6">职责一</td><td colspan="7">网站商品图拍摄与商品文案的整合</td></tr>
<tr><td rowspan="5">工作内容</td><td colspan="6">1. 根据不同商品选择不同的布局、环境来拍摄商品实物图</td></tr>
<tr><td colspan="6">2. 根据不同商品结合营销部编写的文案，把商品实物图与针对性的文案结合，制作出具有较强竞争力的商品描述</td></tr>
<tr><td colspan="6">3. 利用稳定性强的相册对拍摄图片进行存储管理，做好相应的备份措施</td></tr>
<tr><td colspan="6">4. 根据需要对商品图片进行一定的美化，或者加特效（如统一写好“促销”“新品上架”“清仓特卖”等字样），并附上水印</td></tr>
<tr><td colspan="6">5. 每星期整理和分析职责一的工作汇报，上报给店长</td></tr>
</table>

续表

<table>
<tr><td rowspan="5">职责二</td><td colspan="2">网站VI设计与印刷</td></tr>
<tr><td rowspan="4">工作内容</td><td>1. 设计网站的名片、传单、海报等对外宣传印刷用具</td></tr>
<tr><td>2. 设计网站网络活动的推广宣传活动图片</td></tr>
<tr><td>3. 负责网站宣传用品的印刷或者购置</td></tr>
<tr><td>4. 每星期整理和分析职责二的工作汇报，上报给店长</td></tr>
<tr><td rowspan="4">职责三</td><td colspan="2">网站各种页面，构建的设计与装修</td></tr>
<tr><td rowspan="3">工作内容</td><td>1. 综合参考营销部的调研数据与自身设计理念，对网站各种页面和构建要表达的效果进行分析与描述</td></tr>
<tr><td>2. 根据分析出来的结果，利用淘宝软件及聘请专业网页设计师进行页面制作，并进行调试安装，最后对效果进行监督和测试</td></tr>
<tr><td>3. 每星期整理和分析职责三的工作汇报，上报给店长</td></tr>
<tr><td rowspan="4">职责四</td><td colspan="2">网站各类活动的气氛营造和布置等工作（活动现场布置，体验店装修布置）</td></tr>
<tr><td rowspan="3">工作内容</td><td>1. 协助推广团队进行活动现场的设计与布置</td></tr>
<tr><td>2. 综合体验店负责人与网站的利益要求，对体验店进行装修（房间装饰、格子摆放效果、灯光投射等）</td></tr>
<tr><td>3. 每星期整理和分析职责四的工作汇报，上报给店长</td></tr>
<tr><td rowspan="3">职责五</td><td colspan="2">反馈与考勤</td></tr>
<tr><td rowspan="2">工作内容</td><td>1. 把职责一、二、三、四分类别每星期向店长以文档的形式汇报</td></tr>
<tr><td>2. 技术部不受时间的限制，但内部部门会议要进行考勤</td></tr>
<tr><td>附加职责</td><td>工作内容</td><td>根据网站最新需要与发展，网站会下发一些自愿性的任务工作。可按照兴趣来担任相关职务</td></tr>
<tr><td colspan="3">备注：</td></tr>
</table>

## 客服专员

天猫店成交的两大因素：店铺价值，客户销售技巧。

天猫店的客服专员负责与不同类型的客户进行交流和沟通，特别是针对客户的反对意见进行沟通。

客户服务是企业运营中重要的一环，需要长期的内部文化强化培训和客户体验优化来改善提升。在电商运营中，客户体验成为影响企业的关键战术环节。越是高价产品对客服的专业依赖度越高，因为专业度越高的沟通所带来的客户满意度越高。

天猫店成交的两大因素：
店铺价值，
客户销售技巧。

成为一位优秀的客服应该具备怎样的条件呢？

① 受顾客欢迎，随时保持谦虚的态度，彬彬有礼，有耐心。

② 诚心诚意推销，尽所能为顾客解决问题，不强买强卖，不对客户造成压力。

③ 有丰富的关于产品和市场的知识，能够专业和细致地回答客户的疑问。

④ 具有敏锐的观察力去发掘顾客真正的需求。不磨叽，不啰唆。

⑤ 为顾客提供长期优良的服务，关注顾客的行为习惯，贴

心长期服务，真正关心客户本人。

天猫店客服主要负责完成客户主管下达的各项客户服务任务，为客户提供满意的售前售后服务。如表 6-4 所示，客服专员的主要工作职责包括：处理网站客人售前咨询，引导其完成交易；实行顾客问责制，处理网站客人有关售后的问题；疑难快递处理及发货部对接关系处理；客户关系处理；反馈与考勤；等等。

**表 6-4　天猫店客服岗位说明**

<table>
<tr><td>岗位名称</td><td>客服</td><td>所在部门</td><td>客服部</td><td>直接上级</td><td>客户主管</td><td>直接下级</td><td>无</td></tr>
<tr><td colspan="8">工作职责：完成客户主管下达的各项客户服务任务，为客户提供满意的售前售后服务</td></tr>
<tr><td colspan="2">内部协作</td><td colspan="2">发货部，营销部</td><td colspan="2">外部协作</td><td colspan="2">外部客户</td></tr>
<tr><td colspan="8">职责与工作内容</td></tr>
<tr><td rowspan="4">职责一</td><td colspan="7">处理网站客人售前咨询，引导其交易完成</td></tr>
<tr><td rowspan="3">工作内容</td><td colspan="6">1. 严格按照售前流程表，引导顾客完成咨询购买内容</td></tr>
<tr><td colspan="6">2. 对于咨询购买的客人，接手客服帮其查询快递事项。与没有咨询自动购买的客人，以值班时间为准帮其查询，并标注旗帜说明</td></tr>
<tr><td colspan="6">3. 整理和分析交易过程中发现商品的问题（如描述不符、邮费设置、图片等）反馈到上级</td></tr>
<tr><td rowspan="6">职责二</td><td colspan="7">实行顾客问责制，处理网站客人有关售后的问题</td></tr>
<tr><td rowspan="5">工作内容</td><td colspan="6">1. 严格按照售后解决准则表，处理售后相关问题</td></tr>
<tr><td colspan="6">2. 及时查看评价管理，遇到不良评价在两个工作日内做出相应处理</td></tr>
<tr><td colspan="6">3. 售后问题统一记录在特定的位置，并及时告知发货部处理问题</td></tr>
<tr><td colspan="6">4. 遇到有问题的单子，根据发货部的回复及客人的要求，及时进行备注再记录</td></tr>
<tr><td colspan="6">5. 定期检查服务网点的规划、建设、维护各环节，整理和分析售后服务过程中反馈的数据和信息，及时反馈给主管，保证售后服务质量</td></tr>
</table>

续表

<table>
<tr><td rowspan="5">职责三</td><td colspan="2">疑难快递处理及发货部对接关系处理</td></tr>
<tr><td rowspan="4">工作内容</td><td>1. 早班客服每天处理疑难快递（下载快递软件查看及打电话沟通）</td></tr>
<tr><td>2. 晚班客服每天协助发货部处理当天发货有关问题（晚上7点左右）</td></tr>
<tr><td>3. 遇到任何不能解决的问题，应及时使用通信工具（QQ、旺旺、手机等）与发货部取得联系并得到解决。并隔时联系发货部是否处理完毕，直到处理好为止</td></tr>
<tr><td>4. 整理和分析快递与发货部的交接问题，提出有效意见反馈给客户主管</td></tr>
<tr><td rowspan="4">职责四</td><td colspan="2">客户关系处理</td></tr>
<tr><td rowspan="3">工作内容</td><td>1. 把已经购买的客人加入QQ群、旺旺群、微信群</td></tr>
<tr><td>2. 根据网店内容定期发送促销消息给老客户。并以值班时间为准，对群内客人咨询做出处理</td></tr>
<tr><td>3. 整理和分析在客户关系处理中的问题和改善方法，提出有效意见反馈给客户主管</td></tr>
<tr><td rowspan="3">职责五</td><td colspan="2">反馈与考勤</td></tr>
<tr><td rowspan="2">工作内容</td><td>1. 把职能一、二、三、四分类别每个星期向客户主管以文档的形式汇报</td></tr>
<tr><td>2. 根据出勤情况、请假次数确定考勤分数</td></tr>
<tr><td>附加职责</td><td>工作内容</td><td>根据网站最新需要与发展，网站会下发一些自愿性的任务工作。可按照兴趣来担任相关职务</td></tr>
<tr><td colspan="3">备注：</td></tr>
</table>

# 制定天猫团队的绩效考核方案

再好的计划安排，都需要执行，执行效果如何，主要看考核。关于考核，提供表 6–5、表 6–6 供参考。可以根据企业具体情况，再做调整。

## 天猫店铺运营部门员工绩效考核

绩效考核主要包括以下几个方面。

① 工作业绩主要是指直接业绩的评估。

② 管理能力是管理别人和管理自己的能力。

③ 工作态度，俗话说能力可以提高，态度是根本，态度好能力自然可以提高。

④ 专业学习能力是升级能力，职位上的员工能力高低是暂时的，通过长时间跟踪，动态调整岗位对激励学习力强的伙伴是非常有益的。

⑤ 职业操守是基本的职业操作要求，员工不能违反基本的严禁事项。

**表 6-5　天猫店运营部门员工绩效考核表**

| 姓　名：______________ | | 部　门：____________________ | |
|---|---|---|---|
| 职　位：______________ | | 填表日期：____________________ | |
| 考核期间：______年____月____日 至 ______年____月____日 | | | |
| 考核指标 | 具体内容 | 得分 | 说明 |
| 1. 工作业绩（通过主管的工作或部门业绩来体现）（30分） | A. 目标实现程度 | 10 8 6 4 2 | |
| | B. 工作数量 | 5 4 3 2 1 | |
| | C. 工作质量 | 5 4 3 2 1 | |
| | D. 工作效率 | 5 4 3 2 1 | |
| | E. 工作方法 | 5 4 3 2 1 | |
| 2. 管理能力（20分） | A. 决策能力 | 5 4 3 2 1 | |
| | B. 计划能力 | 5 4 3 2 1 | |
| | C. 组织能力 | 5 4 3 2 1 | |
| | D. 创新能力 | 5 4 3 2 1 | |
| | E. 沟通协调能力 | 5 4 3 2 1 | |

续表

| | | | |
|---|---|---|---|
| 3. 工作态度（20分） | A. 服从精神 | 5 4 3 2 1 | |
| | B. 配合精神 | 5 4 3 2 1 | |
| | C. 责任感 | 5 4 3 2 1 | |
| | D. 忠诚度 | 5 4 3 2 1 | |
| 4. 专业学习能力（20分） | A. 专业水平 | 10 8 6 4 2 | |
| | B. 利用专业知识的能力 | 10 8 6 4 2 | |
| 5. 职业操守（10分） | A. 遵守公司规章制度 | 5 4 3 2 1 | |
| | B. 个人职业道德记录 | 5 4 3 2 1 | |
| 自评分数合计 | | | |
| 以下内容由考核人填写 | | | |
| 工作表现综合评价 | | | |
| 优势及劣势项目分析 | 优势分析 | | |
| | 劣势分析 | | |
| 项目的建议与训练 | 有待提高技能 | | |
| | 参加培训项目 | | |
| 工作预期 | 明年目标 | | |
| | 预期表现 | | |
| 初核得分： | 初核级别： | 初核人： | 日期： |
| 复核得分： | 复核级别： | 复核人： | 日期： |
| 核定意见： | 核定级别： | 核定人： | 日期： |

每个企业可以结合表格的形式进行适当的侧重点修改，以得到与自己需求匹配的体系。

## 天猫店网外推广岗位

天猫店网外推广工作包括12项，如表6-6所示。天猫店网外推广与内部推广的工作内容和指标不同，是对天猫店铺自身推广的有力补充，在实际操作中可以选取其中多种方式搭配使用。

**表6-6 天猫店网外推广岗位职责及绩效考核**

| 岗位描述 | 负责网络推广，包括问答平台、论坛、百度贴吧、百度百科、博客，以及网站日常维护、文章的每日上传更新、网站数据更新备份等工作 | | | |
|---|---|---|---|---|
| 序号 | 工作项目 | 工作内容 | 达标 | 频次/天 |
| 1 | 问答平台 | 百度知道 | 及时、准确、自建、回答问题 | 5 |
| 2 | | 谷歌问答 | | 5 |
| 3 | | 搜搜问问 | | 5 |
| 4 | | 搜狗问答 | | 5 |
| 5 | 论坛的推广 | 按照要求编辑帖子 | 符合品牌气质，增强品牌美誉度和知名度，便于宣传 | 10 |
| 6 | | 有计划地在指定的论坛上进行发帖和跟帖 | 符合品牌气质，增强品牌美誉度和知名度，便于宣传 | 10 |
| 7 | 百度贴吧 | 及时对百度贴吧已建问题进行跟帖 | 公司自建帖在前页 | 10 |
| 8 | 百度百科 | 主动搜索相关且尚未编辑词条，进行编辑 | 词条内容符合科学、准确的要求，并符合公司宣传要求 | 5 |
| 9 | | 搜索已编辑词条进行补充说明 | | 5 |
| 10 | 博客 | 每日上传博客内容及更新 | 根据热门话题，结合行业新闻，企业动态进行整编 | 20 |
| 11 | | 每日新建博客并发布稿件 | | 5 |

续表

<table>
<tr><td>12</td><td>搜索引擎</td><td>负责百度等搜索引擎的竞价工作，包括对现有竞价关键词的调价和对新增关键词的调整</td><td>及时、有效地对关键词竞价情况进行监测，并能够合理地调整，保证点击量的同时节约成本</td><td>1</td></tr>
<tr><td>13</td><td>QQ群</td><td>QQ群推广</td><td>QQ群推广定期制作策划方案，通过QQ群体推广品牌、产品信息</td><td>10</td></tr>
<tr><td>14</td><td rowspan="3">网络销售</td><td>网店的建设及更新</td><td rowspan="3">根据网店特点结合产品进行推广，整理客户资料，建立客户档案系统</td><td>2</td></tr>
<tr><td>15</td><td>跟进网络销售相关工作</td><td>2</td></tr>
<tr><td>16</td><td>定期做好网络促销策划</td><td>1</td></tr>
<tr><td>17</td><td rowspan="2">网络负面消息监控</td><td>通过特定关键词，在百度、谷歌、搜狗等搜索引擎上搜索，对公司负面信息进行监测</td><td rowspan="2">全面的检索引擎，及时发现负面信息</td><td>1</td></tr>
<tr><td>18</td><td>对存在的负面信息进行截图保存（要求截整个网页），并及时上报</td><td>1</td></tr>
<tr><td>19</td><td rowspan="2">网站日常维护及文章更新</td><td>负责网站系统的日常维护</td><td rowspan="2">对网站日常情况的检测保证准确全面，网站更新要及时</td><td>1</td></tr>
<tr><td>20</td><td>网站栏目及专题页面的上传更新</td><td>1</td></tr>
<tr><td>21</td><td rowspan="2">编制日报及周报</td><td>按照公司要求编制日报及周报表</td><td rowspan="2">保证及时准确地上报</td><td>1</td></tr>
<tr><td>22</td><td>交由部门负责人审核后，上报公司</td><td></td></tr>
<tr><td>23</td><td>其他临时网络推广工作</td><td>完成部门经理交办的其他网络推广工作</td><td>按照要求完成</td><td></td></tr>
<tr><td>合计</td><td>12大项</td><td></td><td></td><td>106</td></tr>
</table>

对于店铺的核心负责人，也可以有其他方面激励。具体可以参照下文，这是我服务过的一家企业天猫店关于店铺核心负

责人的业绩激励的合同条款中的一条，仅作参考。

乙方作为资深的天猫淘宝发展运营负责人，有着多年淘宝天猫服务经验与优势，整合了各种优势人才设计与天猫促销模式等经验，在职责范围内，负责天猫业务的总运作开展、伙伴的管理协调、运营的绩效提升，并享受业务总收益提成。

甲方提供乙方在完成本职工作内8000元的基本底薪，负责1个或多个天猫和淘宝运营项目的总结果运营：

按销售产品总额毛利的10%提成（如产品底价2元，零售价10元,即销售的毛利8元为计算标准,分成0.8元）。推广费参考为20%以内。

为其带领的同事如设计、美工、客服等制定针对个人的比例提成方案（如负责项目产品底价2元，零售价10元，即销售的毛利8元为计算标准，分成1%～5%，即为0.08～0.4元之间作为参考）。其他激励比例可进行协商。

# 规划天猫团队的整体运营方案

规划天猫团队的整体运营方案，可以保证天猫店的有序运转。这需要天猫团队中各个部门与人员之间相互沟通和配合，及时发现问题并做出调整。

## 店铺的上线及日常管理

① 确定店铺的整体风格，做好各个区域的美工工作。

② 细化买家须知内容，尽量做到顾客可以自主购物。

③ 美工负责将待售产品的图片做好处理，编辑配置好相关

的文案说明。

④ 编辑好各个产品的标题、宝贝描述，核实价格及库存信息后，全部上架。

### 营销活动

① 首先确定 3 ～ 5 款主打产品，以后历次活动优先考虑这几款产品的报名，以此吸引客户，做好关联销售。

② 配合淘宝天猫的新店铺推广活动，做好店庆营销活动，全场折扣，设置 VIP 折扣价格。

③ 设置淘宝客、聚划算等活动，以此引进流量。

### 售后问题

委任有经验、沟通能力强的客服负责售后工作。同时细化各种售后问题，比如安抚客户的不满情绪；不同情况对客户的损失如何补偿，如快递丢件如何索赔、如何追件；解决其他相关售后问题。

### 配送及仓库管理

① 仓库管理人员就及时核对库存信息，和店铺美工、编辑保持沟通，缺货产品及时下架，避免店铺出售状态的产品实际无货情况的出现。

② 发货周期为一天一次；除有活动订单较多的情况外，订单一般要在 24 小时内发出，最迟不超过 48 小时；如果遇到缺货或其他问题不能及时发货的，及时通知客服，联系客户沟通，做好换货或退款事宜，极力避免缺货而没有及时和客户沟通导致客户严重不满情况的出现。

第 7 章

# 营销推广：用户思维实现天猫利润最大化

## 提高成交率关键点与促销策略

在店铺设计购买理由的时候，消费者看到的是购买的好处，但是从店铺运营者的角度来看，应该从策略上进行规划，比如客户买什么？卖点和促销应该如何结合？为此，我提炼了33个关键点及示例供参考：

① 产品或者服务：产品和服务的核心价值。

② 独特性：具备的独特价值和独特风格。

③ 风险承诺或者逆转：客户购买的风险商家承担部分或全部。

④ 赠送礼物和赠品：购买本产品赠送其他套件产品。

⑤ 价格："原价189元，国庆回馈现价39元包邮"。

⑥ 支付条款：预定，定金，分期，到付，全款。

⑦ 送货条款：下单后 1 小时顺丰发货。

⑧ 稀缺性：手工缝补，仅 12 件。

⑨ 紧迫感：按先后顺序仅 10 人买到。

⑩ 解释原因：“因为老板跟小三跑掉，所以全场 1 折”。

⑪ 安全：德国家居照明市场销量第一。

⑫ 使用说明：每天只喝 1 小杯。

⑬ 谁在用：《天天向上》节目提到的明星款。

⑭ 多久见效：龙威信广告——1 秒钟喝到开水。

⑮ 塑造产品或者服务的价值：德国原创设计。

⑯ 提供风险化解或者风险逆转：5 年质保。

⑰ 配合使用超级赠品：独家配套灯罩清洗 3 件套赠送。

⑱ 强化稀缺性、紧迫感和独特性：原厂出品，30 件售完不生产。

⑲ 降低销售、送货等门槛：预定送货上门，货到付款。

⑳ 优化销售流程：拨打电话，剩下的交给我们。

㉑ 跟踪客户、不断提供价值：电话、邮件发送分享资讯。

㉒ 反复测试、改良和优化：发送的价值度，发送的频率，赠品的改善。

㉓ 优化客户接触我们的整个销售流程：轻松自然地接受。

㉔ 站在客户角度找购买关注点：特有儿童防触电设计。

㉕ 立刻提高成交率：增加赠品、解释原因、塑造价值。

㉖ 化解客户购买风险：7天、15天、30天、100天无条件退款。

㉗ 数据库积分优化：积分会员专享折扣。

㉘ 立刻提高利润：单品到套装。

㉙ 自动化加速和放大：网络和标准化。

㉚ 设计联合营销方式：促销券，买别家产品优惠购我们店铺产品。

㉛ 设计互动节奏：6次沟通化解信任感。

㉜ 设计风险逆转尺度：免费使用再付款。

㉝ 设计转介绍获得客户：转介绍获独特罕见赠品。

# 天猫会员营销与会员关系管理

经营天猫店铺，要解决的问题包含但不限于：

客户流量有多少，成交量有多少，成交率比例是多少？

成交金额有多少？

成交后二次购买的比例有多大和周期有多长？

在整个电商运营中，除了前期的市场企划、品牌策略创意、电商启动，总体运营目标是：

想办法立刻增加客户购买率，让最多比例的客户购买；

想办法立刻提高购买金额，让客户购买金额最大化；

想办法让客户再次购买，让客户多次回头。

天猫的电商运营的开展，就是不断运作和优化的过程。消费者一旦进行首次购买即成为我们的客户。会员策略运作，就要在销售服务流程中结合客户会员营销进行设计。

## 天猫会员营销

首次销售一般在店铺完成，但二次销售很有可能在线下完成。每次成交后发货的过程就是很好的服务沟通过程，很有可能再次激发客户购买。

面对店铺的整体价值流程，天猫店铺的促销往往被划为战术的范畴，从天猫启动市场调查，到店铺市场企划、品牌定位包装、品牌形象设计表达，再到店铺的设计落地，天猫店铺既具备渠道的功能，又具备整个营销的战略价值。对整个企业品牌来说，天猫店铺创造的价值远大于销售价值。

店铺客户的会员积累，是店铺会员系统重要的运营方法之一。天猫店铺可以通过会员积累来打造客户反复消费的习惯。天猫会员营销策略可以分别从会员积分运营管理、会员服务体验、会员沟通手段、会员线下维护等几个方面提升，如图 7-1 所示。

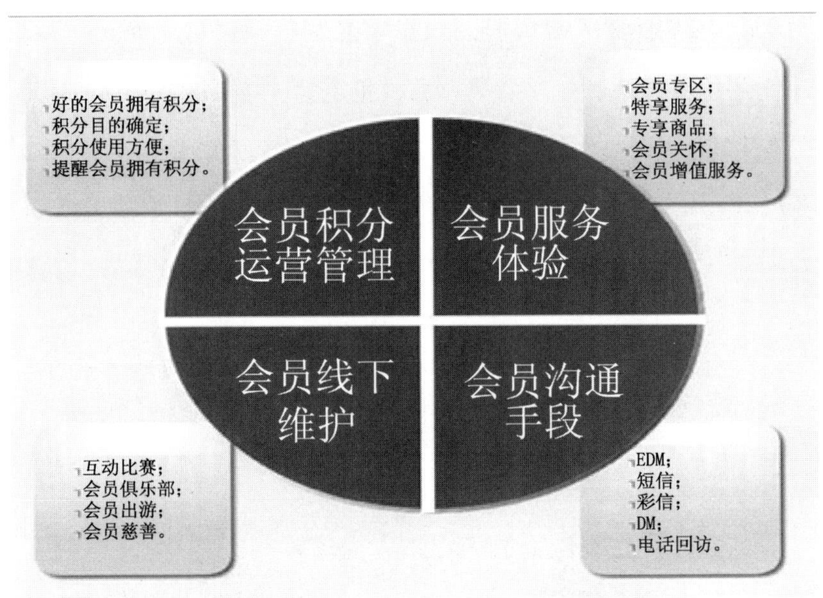


图 7-1　天猫会员营销策略

## 会员关系管理

会员关系管理包含客户管理、客户营销、客户分析。

会员关系管理的意义：积累长期有效的客户群体，通过管理和营销，挖掘二次销量，实现持续经营的目的。

## 1. 客户管理

建立会员制，通过会员权利，把老客户发展为资深的会员，把潜在客户发展为新会员，具体内容包括客户等级设置、所有客户管理、会员导出、标签管理，如图 7-2 所示。

图 7-2　天猫店铺的客户管理

## 2. 客户营销

要针对性强，送达精准，对不同的交易情况的会员有不同的营销策略。具体包括活动管理、发信息（或券）、营销效果，如图 7-3 所示。

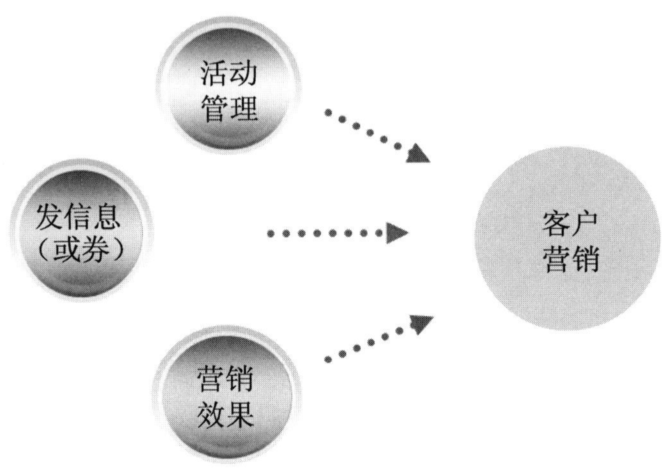


图 7-3　天猫店铺的客户营销

3. 客户分析

会员关系管理工具通过会员分析选定营销对象和营销方式，发送促销信息，跟进营销效果。客户分析的具体内容包括客户的等级分析、时间分析、交易笔数分析、交易额分析，如图 7-4 所示。

有了会员设计和植入，客户就自动在我们的客户服务流程中导入了信任和长期购买的可能，你的天猫店铺可以说基本已经在迈向成功了，只是后期需要不断优化成交后续的比例和利润比例。

图 7-4 天猫店铺的客户分析

# 靠优化体系来赚钱

下面以我给某制氧机产品的咨询建议为例，将客户进入销售环节和追加后续销售方面的操作建议加以总结。

## 获得新客户免费运营的 10 种方式

① 免费体检报告，免费呼吸测试报告。

② 免费录音：讲解与产品相关的基本内容和保健知识。

③ 免费视频：让客户观看如何选择好的产品、如何注意和识别自身症状的内容。

④ 免费培训：可以对客户，也可以对代理商培训销售和赚钱的技能。

⑤ 免费评估：评估血压、肺呼吸、身体状况、病状阶段和使用的问题。

⑥ 免费咨询：分析客户病状前、中、后的问题，以及现象、变化及变化形式，说明治疗的好处和不治疗的坏处。

⑦ 免费抽奖：对新客户和老客户都要进行奖励，用抽奖来提高客户的满意度和活跃度，当满意度瞬间提高的时候，追加销售就会成为自然动作。

⑧ 免费赠送：赠送相关产品，包括跨行业产品和上、中、下游产品，提供产品使用说明，以及别的客户使用前后的对比结果、报告和诊断情况。

⑨ 免费试用：在具体情况下，给客户针对性的优惠。可以免费试用，并对试用的人进行再次奖励，以激发他参与免费试用的热情。

⑩ 只支付少量手续费，即可使用或试用，省去安装费、成本费、人工检测费和医生专家成本费等费用。

## 追加销售的具体形式

① 卖完 1 个产品再继续卖 2 个、10 个或者更多产品及其他

产品。

② 卖A版本的产品后，再提供1个更贵的版本给客户进行选择，客户只需要补齐折扣差价即可获得。

③ 卖A产品，客户不接受，就象征性地减少费用再卖。

④ 卖产品可以有多种呈现方式：产品单品、产品套装、产品套装加赠品、产品套装升级版，甚至代理。

⑤ 卖A产品，只需加3元即可获得价值38元的其他产品。

⑥ 可以适当捆绑给客户1个可买可不买但看起来便宜的产品。比如杂志98元1年，电子版68元1年，但订阅杂志加电子版只需要118元1年。

捆绑的某个产品可以是客户需要经常更换的产品，当捆绑成功后，我们就可以经常为客户提供服务，自然就有了更多服务客户的机会，也就是不断销售的机会。

⑦ 已经成交的客户是最值得信任的客户，在成交之后向客户介绍新产品，或者请求客户帮忙介绍新客户，介绍人和被介绍人都会给予感谢。请记住，每个客户背后都有1～3个跟他状态相同的人。

## 策略提高业绩的10种方法

① 降低客户首次成交的门槛，只要客户进来，就有机会销售；

门槛太高，客户没机会进来，即使理论上有利润也是空谈。

② 减少甚至牺牲首次成交的利润来打击对手，这时合作者会主推我们的产品。

③ 提高合作者的分成比例，对合作者的关键客户渠道实行最大化投入。

④ 提高销售人员的提成，激发他们全力去争取高难度的客户。

⑤ 回报给转介绍客户的奖励幅度和额度要足够让他们惊喜。

⑥ 推广新客户时要尽量跟别人合作，因为在新客户那里建立信任需要巨大的资金投入。小企业更适合与别人合作，把前期利润让给别人，自己则收获意向客户。

⑦ 首次成交和前几次成交是付出了巨大的信任成本的，所以在后端需要开发组合利润巨大的产品来兑现在客户身上的价值。客户的价值是由服务的价值决定的，而不是由产品成本决定，当客户信任我们后，要大胆和勇敢地推销更多样、更高级、用途更广的产品来给客户选择，有时候后端 1 个产品的利润都会超过前面 1 批产品的利润总和。

⑧ 将找客户的环节外包或者转移给医生 / 代理商。

⑨ 采取多类促销方式和主题来刺激客户继续购买，这个时候不要注重利润，只要他愿意购买就是配合了我们的动作，当动作被激发 2 ～ 3 次的时候，再导入高利润的产品和组合。

⑩ 接触客户的过程是一个教育客户的过程，客户接受了我

们教育的理论体系（以张博士为首研发的行业独创双线疗养法）和方法论，他就会相信并按照我们的理论体系去购买推荐的产品。

屈臣氏的促销方非常多，可以作为天猫店铺产品促销的参考。

① VIP 积分和会员优惠；

② 加 10（或 1）元，超值换购；

③ 独家优惠；

④ 买赠（买 N 赠一）；

⑤ 加量不加价；

⑥ 优惠券；

⑦ 套装优惠，第二件半价；

⑧ 震撼低价；

⑨ 超值十元；

⑩ 买满 XX 元立减 XX 元（或送礼品）；

⑪ 买多额外折扣；

⑫ 送礼品、赠品；

⑬ 商品销售比赛；

⑭ 抽奖。

## 深挖天猫客户的长期价值

天猫店铺客户的价值深挖是指在“客户资产”中你还能卖给已经购买过店铺产品的客户多少东西。天猫店铺很大程度上的目的是引来客户流量，经营客户流量，然后靠长期客户购买来盈利。假如客户只是购买一次，这样的低价销售是无法维持的。在天猫店铺运营操作中，店铺打造爆款的作用和意义就在于客户的重复购买所带来的长期价值。

如果将天猫店铺分为“前端”和“后端”，这是两个不同的阶段，“前端”应该是花钱的地方，“后端”则是收获的地方。

也许你认为“第一单不能做，因为不赚钱”，但是，在互联网商业模式时代，这种想法值得推敲。360就是颠覆了杀毒软在天猫店铺运营操作中，店铺打造爆款的作用和意义就在于客户的重复购买所带来的长期价值。

件行业，采取免费商业模式打败了其他对手，从而颠覆了整个杀毒软件市场。这看起来是一个战术，但战术贯通整个企业模式，就成了战略。战略和战术本质上是一体化的，战略引领战术，战术反过来又是战略的表达，两者相互影响、互相贯通。

“前端”是为了吸引客户进来，让客户进行首次消费，进而产生多次消费或销售其他产品的“后端”模式，“前端”和“后端”合起来称为天猫店铺运营策略，也可称之为战略销售模型。

不管是地面营销、网络电商营销还是移动互联网营销，战略销售模型将客户流量进入分为：电话吸引客户、短信吸引客户、邮件传播客户流量、网站来访客户、印刷单张促销、杂志平面广告宣传、电视广告等。任何媒体传播和消费者接触到的面，都可以成为客户进入的契机。

当客户开始了解你，或者因为你的某个促销、某个广告传播、某个活动接触从而了解或者购买你的产品服务，称为客户流量进入。

如图 7-5 所示，客户通过短信、电话、邮件、广告或者其他媒介进入后，如果有一部分天猫店铺客户进来成交，就到了成交环节。如果没有成交，这个时候假如能抓客户的联系方式，则可以给客户发送相关服务信息，或者邀请客户来参与产品体验，这个过程称为客户培养。进行大额度产品购买的时候，一般客户决策时间可能较长，这个培养的过程也比较长。

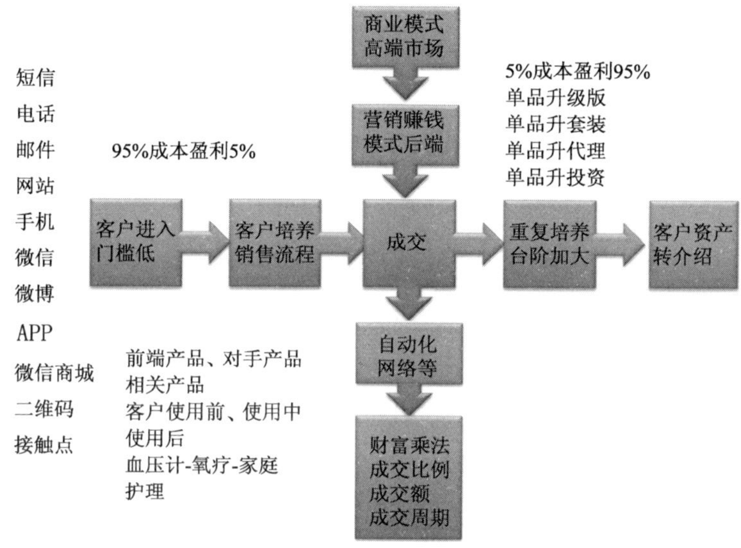


图 7-5　跨媒体营销模式图

成交的客户可以说是最好的客户，但此时，客户只是购买了我们产品体系中的 1 个很小的产品，缺乏很深度的了解和信任。不管出于什么原因，客户首次下单后能否继续购买是电商运作的重心，这需要进行反复培养，从而使其成为我们所说的客户资产，即客户长期价值。

如果你的产品需要客户多次购买和消费，就需要不断更新换代，客户每周都持续购买的话，那么客户的长期价值收益就会很大。所以前期可以适当降低门槛来先让客户进门，由销售流程来引导和服务客户，在重复培养的环节，继续销售产品就可以台阶加大，在客户已经稳定3～5次消费后，还可以让客户转介绍和推荐，当然这需要专业设计。

挖掘客户的深度价值是营销的一个重要思维，这意味着是否能在“后端”可以赚更多的钱。

客户价值深挖概念，就是在“客户资产”中你还能卖给你的客户多少东西。在营销中属于客户的“后端”开发。

我们都知道在天猫和所有营销环节中，获得客户需要推广成本，最花钱的莫过于陌生客户的传播和体验教育，一旦获得客户满意，后续的利润才能被挖掘出来成为长期保障。所以开发“后端”是经营的核心思维。挖掘客户的深度价值是营销的一个重要思维，这意味着是否能在“后端”可以赚更多的钱。

图 7-5 是企业跨媒体营销的模式，纵向是企业运营效率流程的框架：商业模式→营销赚钱模式→成交→自动化网络→财富乘法。财富乘法中成交比例、成交额、成交周期是企业运营的效率节点。

附录 I

# 年轻派电商营销服务清单

（1）企业电子商务规划咨询服务

1）线上市场分析

2）行业卖家分析

3）行业买家行为分析

4）线上分销渠道分析

5）店铺诊断分析

（2）天猫整体运营解决方案

1）天猫入驻支持

① 协助考试；

② 协助提交资料审核；

③ 协助申请商家支付宝账号；

④ 协助向淘宝进行资料传递。

2）品牌分析与梳理

① 企业尽责调查；

② 企业优 / 劣势梳理；

③ 企业战略与投资分析；

④ 目标人群分析；

⑤ 竞争对手分析；

⑥ 品牌定位梳理。

3）网店运营策略

① 产品规划；

② 价格规划；

③ 店铺整体规划；

④ 包装方案；

⑤ 页面优化方案；

⑥ 拍摄方案；

⑦ 推广策略；

⑧ 爆款策略；

⑨ 促销策略；

⑩ 合作对接机制。

4）网店建设与管理

① 网店装修；

② 宝贝描述完善；

③ 产品上下架；

④ 店面日常维护；

⑤ 店面优化。

5）运营执行

① 网店推广；

② 活动报名；

③ 运营策略执行；

④ 售前 / 售中 / 售后销售执行；

⑤ CRM 客户关系管理；

⑥ 库存 / 发货对接；

⑦ 其他运营问题解决。

（3）电商数据分析：商家淘宝店铺诊断、数据解读、精细运作、推广支持

1）行业数据解读

① 市场容量、竞争度分析；

② 市场发展现状及趋势分析；

③ 主要竞争对手摸底。

2）用户行为数据解读

① 浏览行为分析：访问深度、停留时间、跳出率、页面点击分布；

② 购物行为分析：转化率、下单 / 咨询比、支付 / 购物车比；

③ 互动行为分析：收藏数、掌柜说回复转发数、帮派活跃度。

3）客户价值解读

① 客户指标：访问人数、访客获得成本、客单价；

② 新客户指标：新客户占比、获得成本、新客户客单价；

③ 老客户指标：消费频次、活跃度、老客户客单价。

4）店铺运营数据解读

① 流量健康度：UV、PV、PV/UV；

② 销售业绩指数：订单数量、订单金额、订单转化率、客单价。

5）营销活动数据解读

① 某个营销活动 ROI 解读；

② 广告投放效果分析；

③ 渠道合作效果分析；

④ 促销活动效果监控。

（4）电商品牌营销：商家线上品牌梳理、品牌定位、品牌推广、站外营销

1）品牌分析与梳理

① 企业尽责调查；

② 企业优/劣势梳理；

③ 企业战略与投资分析；

④ 目标人群分析；

⑤ 竞争对手分析；

⑥ 品牌定位梳理。

2）品牌定位

① 品牌消费人群的定位；

② 品牌特色（DNA）的表述；

③ 品牌口号；

④ 品牌标准的确定。

3）品牌推广

① 品牌宣传标准；

② 品牌推广策略；

③ 品牌推广渠道选择；

④ 打出品牌推广最有效组合拳。

4）站外营销

① 借力事件营销；

② 微博互动营销；

③ 新闻化软文营销；

④ 突发危机转化。

（5）电商人才培训：重点培养当前淘宝网店紧缺的网店运营、网店推广、网店美工三大类人才，为商家解决人才问题

1）电商人才需方好帮手

① 深度了解电商人才供需方矛盾，并提出有效解决方案；

② 明确合作企业具体电商人才需求缺口，提供相应人才供选择；

③ 针对合作企业员工电商专业化培训需求，组织相应培训课程。

2）电商人才供方好助手

① 协助高校电商专业课程升级，加入大量实战性教程，并为学生提供非常多的实践或兼职机会；

② 办好电商专业实战课程学习，让学员在很短的时间内提升显著。

附录Ⅱ

# 年轻派电商公司电子商务托管服务项目套餐参考

| 类别 | 项目 | 序号 | 项目细分 | A套餐 | B套餐 | C套餐 | D套餐 |
|---|---|---|---|---|---|---|---|
| 天猫整体运营解决方案 | 天猫入驻支持 | 1 | 协助考试 | | √ | √ | √ |
| | | 2 | 协助提交资料审核 | | √ | √ | √ |
| | | 3 | 协助申请商家支付宝账号 | | √ | √ | √ |
| | | 4 | 协助向淘宝进行资料传递 | | √ | √ | √ |
| | 网店运营策略 | 5 | 产品规划 | | √ | √ | √ |
| | | 6 | 价格规划 | | √ | √ | √ |
| | | 7 | 店铺整体规划 | √ | √ | √ | √ |
| | | 8 | 包装方案 | √ | √ | √ | √ |
| | | 9 | 页面优化方案 | √ | √ | √ | √ |
| | | 10 | 拍摄方案 | √ | √ | √ | √ |
| | | 11 | 推广策略 | √ | √ | √ | √ |
| | | 12 | 爆款策略 | √ | √ | √ | √ |
| | | 13 | 促销策略 | √ | √ | √ | √ |
| | | 14 | 合作对接机制 | √ | √ | √ | √ |

续表

| | | | | | | | |
|---|---|---|---|---|---|---|---|
| 天猫整体运营解决方案 | 网店建设与管理 | 15 | 网店装修 | √ | √ | √ | √ |
| | | 16 | 宝贝描述完善 | √ | √ | √ | √ |
| | | 17 | 产品上下架 | √ | √ | √ | √ |
| | | 18 | 店面日常维护 | √ | √ | √ | √ |
| | | 19 | 店面优化 | √ | √ | √ | √ |
| | 运营执行 | 20 | 网店推广 | √ | √ | √ | √ |
| | | 21 | 活动报名 | √ | √ | √ | √ |
| | | 22 | 运营策略执行 | √ | √ | √ | √ |
| | | 23 | 售前/售中/售后销售执行 | | | | √ |
| | | 24 | CRM客户关系管理 | | √ | √ | √ |
| | | 25 | 库存/发货对接 | √ | √ | √ | √ |
| | | 26 | 其他运营问题解决 | √ | √ | √ | √ |
| 电商数据分析 | 行业数据解读 | 27 | 市场容量、竞争度分析 | | √ | √ | √ |
| | | 28 | 市场发展现状及趋势分析 | | √ | √ | √ |
| | | 29 | 主要竞争对手摸底 | | √ | √ | √ |
| | 用户行为数据解读 | 30 | 浏览行为分析 | | | √ | √ |
| | | 31 | 购物行为分析 | | | √ | √ |
| | | 32 | 互动行为分析 | | | √ | √ |
| | 客户价值解读 | 33 | 客户指标 | | | √ | √ |
| | | 34 | 新客户指标 | | | √ | √ |
| | | 35 | 老客户指标 | | | √ | √ |
| | 店铺运营数据解读 | 36 | 流量健康度 | | √ | √ | √ |
| | | 37 | 销售业绩指数 | | √ | √ | √ |
| | 营销活动数据解读 | 38 | 某个营销活动ROI解读 | | | √ | √ |
| | | 39 | 广告投放效果分析 | | | √ | √ |
| | | 40 | 渠道合作效果分析 | | | √ | √ |
| | | 41 | 促销活动效果监控 | | | √ | √ |

续表

| 电商品牌营销 | 品牌分析与梳理 | 42 | 企业尽责调查 | √ | √ | √ | √ |
|---|---|---|---|---|---|---|---|
| | | 43 | 企业优/劣势梳理 | √ | √ | √ | √ |
| | | 44 | 企业战略与投资分析 | √ | √ | √ | √ |
| | | 45 | 目标人群分析 | √ | √ | √ | √ |
| | | 46 | 竞争对手分析 | √ | √ | √ | √ |
| | | 47 | 品牌定位梳理 | √ | √ | √ | √ |
| | 促销品牌定位 | 48 | 品牌消费人群的定位 | | | √ | √ |
| | | 49 | 品牌特色（DNA）的表述 | | | √ | √ |
| | | 50 | 品牌口号 | | | √ | √ |
| | | 51 | 品牌标准的确定 | | | √ | √ |
| | 品牌推广 | 52 | 品牌宣传标准 | | | √ | √ |
| | | 53 | 品牌推广策略 | | | √ | √ |
| | | 54 | 品牌推广渠道选择 | | | √ | √ |
| | | 55 | 打出品牌推广最有效组合拳 | | | √ | √ |
| 销售佣金（每月收取） | | | | 略 | | | |

# 致谢

书的出版并非一朝一夕，也不是只靠一己之力。感谢在本书写作过程中，朋友们给予我的无私支持，感谢他们在无数个日夜陪我一起研究讨论，为我提供大量鲜活的案例，给我带来新的思路。

特别感谢以下朋友：

**温蒂**

灵数学院掌门人，生命灵数导师

**李勇**

18 年外企市场营销总监

**莫小君**

莫大夫（MODAFU）品牌创始人

**张高贤**

酒葫芦网董事长

同时感谢在以往工作中，给予我支持和帮助的朋友们（排名不分先后）：

段传敏　战略营销专家，财经作家，资深媒体运营人士

尹志强　社会化营销专家，和合互动创始人

冷跃进　产业营销实战专家，绿闻社和春疯会创始人

华红兵　著名学者，品牌战略专家、营销实践家

李光斗　著名品牌战略专家、品牌竞争力学派创始人

王满平　广东省品牌促进会秘书长

余先国　执行力传媒总经理

颜圣仁　南都周刊新媒体传播总监

方立军　金鼠标网络营销大赛创办人

肖明超　数字营销专家，知萌咨询 CEO

袁　岳　独立媒体人，零点研究咨询集团董事长

陈　亮　《当代直销》杂志主编

高力行　大小美产后修复连锁总经理

戴　民　北京优卡优国际家居用品有限公司总经理

李　兵　《孙子兵法》研究专家

陈章博　广州上兵伐谋管理咨询有限公司总裁

李甫榜　广州产品匠科技公司创办人

汪才华　北京咖啡行业协会副会长

郑学勤　《品牌观察》杂志总编辑

马雪松　《广告人》杂志副总编辑

徐智明　快书包创始人

孙全胜　《新营销》杂志主编

郭德苍　《糖烟酒周刊·食品》营销版主编